AQ

예술 지능

ARTISTIC

AQ
| 예술지능 |

미래 기업의 성공 키워드

윤영달 지음

QUOTIENT

아아수

위대한 변화, 예술가의 시대가 오고 있다

좋은 책이란 읽기 쉬우면서도 새로운 통찰을 담고 있다. 《AQ 예술지능》 은 좋은 책이다. 매우 쉽지만 통찰이 참으로 새롭다. 아, 나는 왜 이런 생 각을 못했을까 하는 마음이 불쑥 든다.

저자에 따르면 인간에겐 생존 본능과 창조 본능이라는 두 가지 본능이 있다. 살아남기 위한 갈망이 생존 본능이라면, 새로운 것을 만들려는 것 은 창조 본능이다. 생존 본능이 극에 달하여 폭발하면 전쟁이 되고, 창조 본능이 극에 달하여 만개하면 예술이 된다. 그래서 인간은 투쟁하는 전 사이면서 동시에 창조하는 예술가이다.

과거 수천 년 동안 인간은 질병과 굶주림에 맞서 싸웠다. 그런데 기술 이 고도로 발전하여 생존을 위협하던 것들이 제압되었다. 수백만 명이 질병과 굶주림으로 떼죽음을 당할 일은 이제 없다. 생존의 위기가 사라 진 순간 인간의 내면에서는 억눌렸던 창조 본능이 꿈틀거린다.

배부른 사람에게 자꾸만 예전에 먹던 음식을 내민다면 욕구가 생길 리 없다. 그 음식에 싫증을 낸다. 즉, 소비의 동력이 사라지고 경제가 활력 을 잃어버린다.

대형 할인점이나 시장에 가면 저자의 통찰이 충분히 이해가 된다. 우 리가 찾는 물건들은 점점 생존과는 거리가 멀어지고 있다. 그런 물건은

4

값이 싸지 않으면 시장에서 도태된다. 반대로 아름다운 물건, 재미있는 상품은 비싼 값을 받는다. 영적이고 감동적인 체험도 그러하다.

창조는 생존만큼이나 본능적인 욕구이다. 과학자들의 연구에 따르면 인간뿐만 아니라 고도의 지능을 가진 생명체 일반이 창조에 대한 욕구를 드러낸다. 생존 욕구가 해결되니 사자가 토끼와 친구가 되고, 침팬지가 그림을 그려 전시회를 열고, 개와 고양이는 주인과 유희를 즐긴다.

인간은 더 말할 나위가 없다. 성서에 따르면 창조주가 자신의 형상을 본떠 인간을 만들었다고 하지 않는가. 인간은 무언가 새로운 것을 만들어 세상과 자신의 삶을 바꾸고자 한다. 보다 즐겁게, 보다 신성하게, 보다 아름답게, 보다 황홀하게, 보다 가깝게.

본능의 힘은 강하다. 기업이나 조직이 이에 부응하지 못할 때 인간의 창조 본능은 후퇴하거나 왜곡된 형태로 공격적 성향을 띠게 된다.

한국의 롤 모델은 일본과 미국이었다. 그런데 미국은 구글과 애플, 할리데이비슨 등 세계인의 사랑을 받는 창조 기업을 우뚝 세워 다시금 세계 경제를 주도하고 있다. 반면 일본은 과거의 영광을 잃고 비틀거리고 있다. 우리의 롤 모델이던 일본은 왜 지금 '좌초' 위기에 빠졌는가? 창조 경제로의 전환에 실패했기 때문이다.

첨단 기술 개발은 당연한 것이다. 하지만 '그것으로 무엇을 하지?'라는 질문을 던져야 한다. 우리는 일본의 길을 가서는 안 된다. 고객의 창조 감성을 꿰뚫는 것이 중요하다.

인간의 이러한 창조 본능을 느끼고, 학습하고, 연구하는 데 가장 중요한 것이 다름 아닌 '예술'이다. 음악, 회화, 조각, 무용, 시, 영화 등은 생존과는 아무런 관련이 없지만 무언가 새로운 것을 만들어내고 싶어하는 창조적 열망을 만족시켜준다.

기업은 언제나 이익과 돈을 중심으로 사고해 왔다. 그런 사고 체계에 서라면 예술이 아무런 관련이 없다고 여기기 십상이다. 하지만 소비자들은 더 이상 과거와 같은 끔찍한 생존의 위기에 노출되지 않는다. 그래서 점점 예술적 가치 제안에 끌리는 것이다.

저자는 창조 경제로의 전환에서 중요한 것이 '체험'이라고 말한다. 멍하니 가수의 노래를 듣던 관객들이 마이크를 잡고 노래를 부르고, 더 나아가 스스로 작곡까지 하는 것. 바로 그것이 핵심이라고 말한다. 창조란 스스로 만들어내는 것이지 구경꾼으로 머물면 금세 심드렁해진다. 어려운 것을 쉽게 뚫어보는 경영자 특유의 통찰이 빛난다.

우리 한국인은 특히 오지랖이 대단하다. 나도 해보고 싶다는 경쟁심이 강하다. 그래서 누군가 먼저 나서면 불같이 창조 바람이 번질 것이다. 꿈 같은 이야기가 아니다.

이미 그 가능성은 점점 현실로 드러나고 있다. 싸이가, 김연아가, 한류가 하늘에서 뚝 떨어진 것이 아니다. 그들의 예술적 열정이 기업 경영과 경제에 접목된다면 우리는 감히 상상하지도 못할 성공을 거두게 될 것이다.

1960년대 그 누구도 한국이 세계 10대 경제대국이 될 것이라고 상상치 못했다. 한강의 기적이 민주화와 창조 경제의 밑거름을 제공해주었다. 이제는 새로 시작해야 한다. 예술과 경제의 총체적인 융합으로부터 시작해야 한다.

밖에서 벌어 안을 살찌운다는 수출 전략에서, 안에서 창조하여 세계를 감동시킨다는 전략으로 나아가야 한다. 성장과 분배, 자율과 규제, 산업화와 민주화라는 과거의 낡은 이분법으로 우리 사회의 창조 역량과 열정을 소모해서는 안 된다.

고객이 시장을 만든다. 축구와 야구를 즐길 줄 아는 고객들이 한국 스포츠 시장을 키우고 있다. 창조적인 고객이 많아져야 창조 경제로의 전환이 가능하다. 콜라를 허겁지겁 들이켜는 것이 생존시대의 전사적 마인드라면, 녹차의 향과 풍미를 음미하며 담소를 나누고 주인에게 감사의 미소를 던질 줄 아는 것이 창조시대의 예술가적 마인드이다.

그런 고객은 그냥 생겨나지 않는다. 몸과 마음에 여유가 있어야 한다. 지적으로 풍요로워야 한다. 마음속에 창조에 대한 열망이 있어야 한다. 삼성 같은 대기업이나 김연아 같은 특출한 개인이 그러한 단계에 이르렀다고 하여 곧바로 경제 전체가 창조 단계로 접어들지는 못한다.

기업부터 예술을 통해 인간의 창조 감성을 이해하고, 그것을 새로운 상품과 서비스 개발에 접목하여 혁신적인 전략을 실천하는 데 앞장서야 한다. 국가와 사회는 교육과 문화를 개혁해야 한다. 내면의 창조 감성을 깨우고, 그것을 스스로 충족시키려는 성향을 키우는 교육으로 나아가야 한다.

저자는 비단 자기 회사만의 성공에 머물지 않으려고 부단히 노력하는 사람이다. 한국 사회 전체의 예술지능을 높이기 위해 일신우일신 생각하고 실천한다. 시민과 언론, 정·관계까지 크게 호응한 '2013 서울아리랑 페스티벌'도 저자가 주도한 예술 행사다. 그가 발 벗고 나서서 챙기는 예술단체가 한두 곳이 아니고, 살뜰히 모시고 더불어 즐기는 예술명인들의 숫자는 이루 헤아릴 수 없다. 이것은 그의 개인적인 예술 애호도 있지만, 창조적인 예술지능을 갖춘 고객이 많아져야 기업이 성공할 수 있다는 그의 경영철학에 기반한 것이기도 하다.

어느 시대를 막론하고 영감에 찬 통찰은 자기 분야를 넘어 세상을 바꾸는 법이다. 《AQ 예술지능》의 통찰 역시 기업 경영이나 경제 현상을 넘어 더 넓은 영역에서 변화를 이끌어낼 것이다.

가령 복지 또한 창조 감성을 자극하고 충족시키는 방향으로 나아갈 수 있다. 창조하는 사람은 몸과 마음이 풍요롭다. 우리는 예술을 통해 길어진 노년의 시간을 행복하게 채울 수 있을 것이다. 복지를 오직 경제적 측면으로만 접근하면 세대 갈등이 촉발되고 사회의 변화나 발전이 올 수 없다. 노년 세대는 마음의 여유와 안목을 높일 지식이 필요하다. 자라나는 아이들은 두말할 것이 없다.

저자는 이 책 속에서 내내 이렇게 묻는다.

당신은 인간의 창조 본능에서 비롯한 요구에 대답할 준비가 되어 있는가?

저자의 물음은 매우 진실하다. 왜냐하면 그가 스스로 예술가가 되고자 하며, 자신의 회사도 예술가 집단으로 변모하기 위해 노력하기 때문이다. 과거의 눈으로 보자면 이런 노력은 보통 낯선 것이 아니다. 앉아서 컴퓨터 자판을 두드리는 것이 아니라 망치와 끌로 돌을 조각하고 북채로 북을 두드리며 판소리를 하는 회사라니.

하지만 저자는 매우 신중하다. 과거를 무작정 부정하는 것도, 과거에 집착하는 것도 어리석다. 이 책은 혁신을 이야기하는 책들이 쉽게 범하는 오류에서 자유롭다. 이것은 저자가 실용을 중시하는 경영 현장에 몸담고 있기 때문일 것이다.

생존을 위해 몸부림치던 1960~1990년대 '전사의 시대'에 우리는 많은 시행착오를 겪을 수밖에 없었다. 그것을 회피하려 했다면 지금의 위치에 올라서지 못했을 것이다. 현재의 기준으로 과거를 무작정 비판하고 부정한다면 결과주의의 오류에 빠지게 된다. 과거 세대의 눈물겨운 희생으로 우리는 지금 창조를 위한 예술가의 시대에 접어들었다.

안타깝게도 20세기 말 한국 경제는 IMF 사태를 맞았고, 이로 인해 창조 본능을 자극하는 경제 전략으로 전환할 기회를 놓쳤다. 한국 경제의 근본적인 위기는 바로 인간의 창조 본능에 부응하는 패러다임의 전환을 머뭇거렸기 때문이다. 그동안 한국 사회의 리더십은 표면적인 '위기 대응'에만 급급하여 창조 경제로의 근본적인 전환을 시작하지 못했다. 《AQ 예술지능》은 지체되었던 전환을 재촉하는 기폭제가 될 수 있을 것이다.

이어령(전 문화부장관)

EXECUTIVE SUMMARY

지금 왜 AQ를 말하는가?

(1) AQ란 무엇인가?

AQArtistic Quotient란 예술가처럼 자신의 삶에서 만난 모든 것에서 창조 감성을 느끼고, 모든 상황과 사물을 활용하여 내면의 창조 욕망을 만족시키는 새로움을 만들어내는 지능을 말한다. 기존의 것을 반복하여 숙련된 것을 이해하고 충실히 실행하는 능력과 대비된다. 어떠한 상황이나 사물도 소재와 도구를 활용하여 미학, 초월, 몰입, 소통, 유희에 대한 갈망을 충족하는 새로운 것을 만들어내는 것이다. IQ, EQ와 마찬가지로 측정을 하는데, 그 지표는 프로페셔널 예술가의 실력을 100으로 놓고 평가한다.

모든 경제는 예술가적 창조 본능, 다시 말해 AQ가 주도하는 단계로 접어들게 된다. 굶주림을 참다가 세 끼 밥을 먹고, 세 끼 밥만 먹다가 맛집을 찾고, 이제는 요리 평론을 하고 요리 예술을 즐기는 단계로 나아가는 것과 흡사하다.

(2) 전사의 기업, 예술가의 기업

기업은 생존 시대의 전사에서 창조 본능에 부응하는 예술가로 거듭나야 한다.

세계적인 미래학자이자 석학인 피터 드러커는 이미 이러한 변화를 예언했다.

"지금까지의 조직은 군대와 흡사했지만, 미래의 조직은 오케스트라에 가까울 것이다."

우리는 군사 전략을 비즈니스 곳곳에서 핵심 개념으로 활용하고 있다. 비즈니스 조직 문화는 세계 어디를 가도 군대 문화와 놀랍도록 유사하다. 기업이 싸우는 조직이라면 그 조직의 구성원은 전사다.

싸우고 정복하며 지배하는 전사와 창조하고 소통하는 예술가는 격변하는 시대에 미래 조직의 주도권을 두고 서로 경쟁하고 협력하게 될 것이다.

(3) 창조 본능을 깨우는 예술이 미래의 성장 동력이다

그러나 시대의 주도권은 점차 전사에서 예술가로 넘어가게 될 것이다. 기술이 주도하는 2세대 자본주의에서 예술이 주도하는 3세대 자본주의로 시대는 변화해 갈 것이다.

첨단 기술 개발은 당연한 것이다. 문제는 그것을 어떻게 상품 수요로 이어갈 것이냐 하는 데 있다. 제아무리 기술적으로 뛰어난 제품도 '그것으로 무엇을 하지?' 라는 질문 앞에서는 무력해진다. 한때 세계의 기술 발전을 선도하던 PC가 급격히 쇠퇴하는 이유도 그 때문이다. PC를 가지고 무엇을 할까 생각해봐도 딱히 떠오르지 않는다. 스마트폰은 들고 다니면서 사진도 찍고, 음악도 듣고, 사람들과 소통을 할 수 있다.

　기술 개발의 방향성 역시 인간의 창조 본능에서 찾아야 한다. 한국은 이제 선진국을 추격하는 전략만으로는 더 이상 발전이 어려운 단계에 접어들고 있다. 더 빠르다, 더 가볍다, 더 얇다, 더 오래 간다, 더 저렴하다는 장점은 유희, 초월, 미학, 몰입, 소통이라는 창조 본능에서 비롯한 다섯 가지 감성과 결합한 혁신적인 상품의 개발로 이어져야 한다. 애플, 구글, 레고, 할리데이비슨, 폭스바겐, 디즈니랜드, P&G, 버진 등은 단순히 기술에만 의존하는 것이 아니라 인간의 창조 본능을 강렬하게 자극하고 만족시키는 제품과 서비스로 시장을 지배하게 되었다.

1. 전사의 시대는 가고 예술가의 시대가 오고 있다

고도의 기술 시대, 고객의 예술 감성을 깨우다

예술은 인간의 본능이다. 우리는 최고의 성과물을 예술 작품이라고 칭한다. 그것은 단순한 비유가 아니다. 최고의 성과를 추구할 때 나타나는 미학, 초월, 몰입, 유희, 소통의 감성은 어떤 영역에서건 동일하다. 소박한 김치찌개에서 백남준의 비디오 아트까지, 인간이 만든 성과물은 아름다운 미학과 초월적 가치, 빠져드는 황홀함, 즐거움, 그리고 '통하는 느낌'을 강렬하게 준다.

인간은 자신의 욕망을 다양한 방법으로 표출하고 그 흔적을 남기려 한다. 문명은 그러한 욕망의 성과가 축적된 일종의 건축물이다. 인간은 수십만 년 동안 자신의 환경과 삶을 예술로 장식할 뿐만 아니라 그 자체를 예술로 만들고 싶어 했다.

기술 문명이 만개하기 전 인간의 예술적 본능은 소수의 예술가나 장인, 부유한 상인이나 권력자들을 통해서만 드러났다. 대다수 사람들은 매우 소박한 유희를 통해서 예술적 갈망을 충족시킬 수 있었다. 대다수는 전쟁과 기아와 질병과 싸우기에 급급했다.

생존에 급급했던 인간을 구원한 것은 기술이었다. 지난 200여 년 동안 기술은 세상을 바꾸었다. 기술로 무장한 기업의 힘으로 인류는 생존을 넘어 물질적 풍요를 맛보게 되었다. 심지어 기술이 인간 지능마저 대체할 정도로 기술 문명은 고도로 발달했다.

하지만 물질적 풍요와 고도화된 기술은 인간에게 행복을 주지 못했다. 사냥꾼과 농부로 살아왔던 사람들이 복잡하고 시끄러운 대도시의 시민이 되어 냉정한 계산과 이해관계에 찌들게 되었고, 비인간적인 기술과 정보 시스템의 포로가 되었으며, 온갖 잡무나 관료적 요구를 처리해야 하고, 일과 돈 때문에 단절되고 파편화된 관계 속에서 살게 되었다.

사람들은 자신도 모르게 '예술'이라는 무기를 꺼내 들었다. 예쁘고 아름다운 제품, 감성적인 서비스, 인간적 기술에 열렬한 지지를 보냄으로써 강하고, 빠르고, 값싸고, 효율적인 것만을 고집하던 기업들에게 경고 신호를 보내기 시작했다.

고객들은 능동적인 상품 선택을 넘어, 자신들의 지식과 능력으로 기업 중심의 질서를 뒤흔들게 되었다. 디지털 정보 기술이 확산되면서, 광고가 전달하는 메시지에 현혹되지 않고 있다. 광고는 자본주의 예술의 꽃이라는 말을 들을 만큼 창의적이고 세련되어졌지만 고객들은 수용을 거부한다.

고객의 충격적인 '진화'를 촉진한 것은 기술이다. 하지만 기술 발전 속에 도사린 핵심 요인은 바로 인간의 예술적 본능이다. 평범한 주부가 어떻게 초일류 디자이너가 혀를 내두를 정도로 아름답고 감성적인 실내 인테리어를 구현할 수 있을까? 이제 갓 대학을 졸업한 젊은이들이 어떻게 할리우드의 대형 영화사도 두 손을 들 정도로 기가 막힌 영화를 찍어냈을까? 노회한 정치인마저 배꼽을 쥐고 웃게 만드는 풍자 애니메이션이 도대체 어디서 만들어졌고, 짧막한 말로 사람에게 감동을 주는 댓글 릴레이는 누구 머리에서 시작된 것일까? 유튜브에 올라오는 영혼을 울리는 아름다운 노래는 어째서 프로페셔널 가수보다 더 감동을 주는 것일까?

예술가로 깨어난 고객들, 기업에게 예술가가 되라고 요구하다

기술이 만든 풍요는 인간의 예술적 갈증을 깨웠다. 기술이 만든 건조하고 거친 문명에 인간은 예술적 감성으로 대응하고 있다. 이렇게 고객은 변화하였다. 변화한 고객은 기존의 시장 질서와 패러다임을 완전히 뒤흔들고 있다.

기업은 이런 상황을 만들어낸 '원인 제공자'이다. 기업은 세상의 모든 기술과 지식을 집약하여 인류가 전혀 맛볼 수 없었던 풍요와 안정적인 생존 기반을 제공하는 쾌거를 이루었다. 기업은 자연이라는 장애물, 각종 규제, 경쟁자, 공산주의라는 괴물을 깨부수기 위해 격렬한 전쟁을 벌였다. 기업은 한마디로 기술이라는 무기를 든 전사들의 (준)군사 조직이었다.

기업은 전략이라고 부르는 장기적 행동 방침에 따라, 전술이라고 부르는 단기적 행동 지침을 세우고 일사불란하게 실행한다. 기술은 무기요, 영업은 전쟁이며, 시장은 죽느냐 죽이느냐를 결정하는 전쟁터였다. 기업은 때에 따라서는 온갖 비윤리적 수단도 마다하지 않았고, 엄격한 위계질서에 따라 질서정연하게 움직였다.

하지만 상황은 서서히 변화하고 있다. 아니, 기업들은 자신도 모르게 상황을 바꿔놓았다. 전사의 시대가 끝나고 예술가의 시대가 와버린 것이다.

기술 발달은 고객의 역량을 확 끌어올렸다. 고객은 기업 못지않은 역량을 보유하게 되었고 교육과 인터넷을 통해 정보와 지식을 빠르게 소유할 수 있게 됐다. 그러자 고객은 기업을 비판하고 윤리와 공동의 가치 창조를 요구하게 되었다.

이제 고객은 더 빠르거나 강력한 것에 흥분하지 않는다. 싸고 많은 물건을 보면 오히려 고개를 가로젓는다. 미적 감성, 가슴 설레는 꿈과 영적 감수성, 즐겁고 유쾌한 호기심, 자꾸만 빠져드는 황홀함과 매력, 마음에서 마음으로 통하는 기분이 들지 않는 상품은 버림받는다. 레드오션의 바다는 기술을 예술로 승화시키지 못한 전사들의 싸움판이다.

전사의 뇌로, 예술가의 가슴으로 AQ 시대를 주도하라

기업은 아직도 전사여야 한다. 현실은 그러하다. 하지만 변화의 물결 속에서 우리는 예술을 배워야 하고 우리 안의 예술가적 본능을 일깨워 과거와 미래를 동시에 본다는 야누스처럼 세상을 바라볼 수 있어야 한다.

정말 빠르게 변하는 시대일수록 뿌리를 알고 뿌리가 튼튼해야 살아남는다. 우리는 그래서 예술을 공부하고 체득하여 예술가가 되어야 한다. 예술은 인간의 뿌리다. 예술은 사람이 자신의 욕망을 표현하는 최고의 퍼포먼스다.

예술은 인간이 쓸 수 있는 모든 수단을 활용하여 만들어낸 최고의 성과물이다. 인간은 최고가 아니면 예술 작품이라고 부르지 않는다.

문자 그대로 예술은 모든 혁신과 창조의 원형이자 모델이 될 수밖에 없다. 혁신과 창조를 원한다면 누구라도 예술을 알아야 하고, 예술가가 되어야 한다.

지금 시대의 고객들은 고도의 감성을 갖추고 기업이 고객에게 다가올 것을 요구하고 있다. 뿌리 깊은 예술가적 본성이 급격한 변화 속에서 깨어난 것이다. 이제는 단순한 감상을 넘어 예술가가 되어야 한다.

우리는 스스로가 예술을 창조하고 즐길 수 있어야 한다. 예술 감상을 넘어 진정한 예술가로 거듭날 각오를 해야 한다. 창조하지 않는 자, 몸으로 부딪치지 않는 자는 결코 자기 안의 예술지성을 깨울 수 없다.

객석을 벗어나 무대에 오르라! 뱃속에서 머리끝으로 솟구쳐 오르는 소름끼치는 감동을 온몸으로 느껴라! 끌과 망치를 잡아라! 소나기처럼 쏟아지는 땀방울 아래 점점 형체를 드러내는 장승을 보며 뜨겁게 달아오르는 창조의 핏줄기를 느껴라!

시대는 달라졌다. 이제 전사의 기업이 만들어온 세상을 바라볼 수 있어야 한다. 무조건 승리만을 추구하는 승자에게 세상이 보내는 시선은 어떠한가? 효율성과 속도와 강력함을 추구한 기술로 인해 우리는 또 얼마나 삭막해졌는가?

고객은 변화했다. 시장은 달라졌다. 이제 기업이 세계를 다르게 바라볼 때가 되었다. 전사들의 세상은 과거이고 예술가들의 시대가 왔음을 직시하라. 이제 우리는 예술을 창조하는 전사로서 새로운 AQ 시대를 맞이한다.

전사와 예술가(1)
크라운해태, 다양한 예술 체험을 통해 예술가의 시대가 도래함을 자각하다

초월: 사양산업으로 인식되던 과자에서 '꿈'이라는 가치를 발견하다.
사례: 오토바이 소유자들에게 초월적 가치를 체험케 한 할리데이비슨

미학: 아름다운 포장 디자인과 병 아트 체험 등에서 편리하고 안전한 이벤트 환경을 제공하다.
사례: 인간 친화적인 인터페이스로 세계 시장을 장악한 애플

Crown-Haitai
Art Experience
Pentagon

유희: 과자를 매개로 즐거운 놀이와 지식을 고객과 함께 나누는 이벤트를 만든다. 아동 고객과 미술과 지식을 결합한 피카소 체험전을 연다. 모든 회의에서 즐겁게 판소리 떼창을 하다.
사례: 검색엔진과 광고를 통해 인터넷을 자유롭고 즐겁게 만든 구글

몰입: 병 아트 등 흥미와 집중을 유발하는 프로그램을 고객에게 제공하다. 구성원들이 장승을 깎고 조각을 하고 아트밸리를 직접 건설하며 창조적 몰입을 체험하다.
사례: 인문학적 지식과 게임 철학으로 문명을 만든 게임 기획자, 시드 마이어.

소통: 아트블럭과 전시장, 정기 국악공연, 각종 경진대회를 통해 고객과 소통하고 고객이 스스로 창조할 수 있는 장을 만들다
사례: 고객이 직접 제품을 디자인할 수 있게 만든 레고

과거에는 소수만이 예술적 창조의 기쁨을 누렸다

예술의 역사는 말 그대로 혁신의 역사였다. 예술가들은 최고의 재료를 사용하여 작품을 창조했다. 남과 다르지 못하고 과거를 넘어서지 못하는 예술가는 경멸의 대상이었다. 예술가들은 낡은 상식에 도전하는 특권을 누렸고, 다수의 이해를 주저 없이 거부할 수도 있었다. 창조라는 숙명을 짊어질 수 있는 영광스런 존재였다.

  하지만 예술 창조는 소수에게만 허락된 '특혜'였다. 예술은 천재들의 독점물이었고, 작품을 소유하고 향유하는 사람은 소수의 특권층이었다. 이런 추세를 뒤집은 것이 기술이었다. 기술은 언제 어디서나 누구라도 예술을 누릴 수 있는 환경을 만들었다. 기술로 인해 예술은 만인의 것이 되었다.

AQ 시대의 도래를 예감한 선각자들과 그들의 한계

존 나이스비트와 대니얼 골먼, 피터 드러커, 존 마에다 총장은 기술 발전에 따른 AQ 시대의 도래를 감지한 선구자였다. 나이스비트의 선구적인 걸작《하이테크, 하이터치》는 기술이 어떻게 시대를 바꾸었으며 어떻게 이에 대응하여야 하는지를 말해주었다. 고도의 기술사회일수록 고도의 감성이 요구된다. 대니얼 골먼의 《감성 지능》,《감성 리더십》은 고도 기술사회를 앞서갈 인간형과 리더는 '감성 지능'

Executive Summary

을 갖추고 있음을 입증하였다.

하지만 감성은 극히 추상적인 개념이다. 감성의 실체란 무엇인가? 감성은 무엇으로 실체화되는가? 감성 지능의 실천 전략은 무엇인가?

이 물음에 대해 답한 이는 존 마에다 총장이다. 그는 '예술' 이야말로 기술에 대비되는 강력한 실천 전략이며 미래를 주도할 코드임을 역설했다. 인간의 감성은 예술을 통해 가장 극단적으로 드러난다. 기술마저도 최고의 경지에 도달하면 예술적 감흥을 불러일으킨다. 하지만 아쉽게도 존 마에다 총장은 오직 '단순함' 이라는 예술의 한 측면에만 주목했다. 또한 시장과 세상의 패러다임 자체가 예술을 통해 변모하고 있음을 꿰뚫어 보지 못했다.

석학 피터 드러커는 정보 기술의 발달이 군사형 기업 조직을 예술가적 조직으로 바꿀 것이라고 예견했다. 하지만 기술 발전이 기업의 경영 조직에 영향을 미치는 수준을 넘어 시장과 사회 전체가 예술가의 패러다임으로 교체되고 있음을 꿰뚫어 보지 못했다.

기술은 예기치 못한 곳에서 예술가들을 등장시키고 있다

기술의 발달로 예전과는 비할 수 없을 만큼 많은 사람이 예술적 창조의 즐거움을 누릴 수 있게 되었다. 예술가가 된 고객들은 기술 만능주의를 허물고 시장의 분위기를 바꾸고 있다.

디지털 기술의 발달은 값비싼 재료나 도구가 없다 해도 자신의 예술적 열망을 표출할 수 있는 길을 열어주었다. 예술 아카이브가 쌓이게 되고 세계 어디서나 쉽게 접근할 수 있게 되면서 이제는 간단한 조합만으로도 예술적 창조를 해낼 수 있게 됐다.

예술적 성과는 유튜브나 각종 웹사이트, 블로그, 모바일 등을 통해 단 몇 시간 만에 전 세계에 확산될 수 있게 됐다. 관객들의 반응도 실시간으로 알 수 있게 됐다.

기업들의 목숨을 건 경쟁은 무수한 무명 예술가들이 자신의 가능성을 마음껏 펼쳐 보일 수 있는 길을 열어주었다. 고객은 이제 생활의 모든 것을 예술 작품으로 바꾸고 있다. 스스로의 힘으로 멋진 옷과 맛있는 음식과 아름다운 주거 공간을 만들고, 이를 널리 공유하고, 공감하며 즐기고 있다.

고객의 스탠더드는 달라졌다. 기업은 이제 다른 전략으로 응답해야 한다.

우리는 예측 불허의 AQ 카오스와 소용돌이에 휘말리게 될 것이다. 예측하지 못한 시간과 장소에서 기업의 허를 찌르고 뒤통수를 후려갈길 기발한 아이디어와 자유로운 예술가적 발상이 시장 생태계를 흔들 것이다. 이에 대처하는 길은 오직 예술가로 변신하는 것뿐이다.

전사와 예술가(2)
인간 내면의 예술가적 본능

초월: 세속적 욕망, 낡은 가치로부터 벗어나 영혼을 고양시키는 새로운 세상과 새로운 삶의 비전을 추구하는 성향
사례: 바흐의 음악, 고딕 성당, 석굴암, 순수한 사랑 이야기, 순례 여행

미학: 번거롭고 지저분한 것들, 추한 것들을 없애고 균형과 사랑스러움, 정결함을 회복하려는 성향
사례: 파르테논 신전, 그리스 조각상, 다보탑, 청소와 정리, 집 안 인테리어

유희: 무겁고 부담스러운, 불안하고 분쟁으로 가득한 삶에서 벗어나 자유롭고 즐거운 놀이를 추구하는 성향
사례: 광대놀음, 풍자극, 희극, 아이들의 놀이, 각종 스포츠, 댓글 놀이, 코믹 동영상

Human Nature's Artistical Instinct

몰입: 번잡한 현실의 일들을 잊어버리기 위한 도피적 성향, 혹은 자신의 과업에 완전히 빠져들어 신이 된 것과 흡사한 창조의 쾌감을 느끼는 성향
사례: 취미, 게임, 장인정신, 고흐, 톨스토이, 명상

소통: 세상과 공감하고 가진 것을 나누며 살아가고 싶어 하는 성향, 실존의 불안에서 벗어나 희로애락의 감정을 공유하고 타인에게 유의미한 존재가 되고 싶어 하는 성향
사례: 사물놀이, 마당극, 페이스북, 우정과 사랑

3. 왜 체험이 미래의 핵심 전략일 수밖에 없는가?

고객과 세상과 시장은 급속하게 AQ 패러다임으로 이동하고 있다.
하지만 기업들은 아직도 예술을 낭비로 보며 비웃거나, 잘해야 단순
한 예술 '차용'이나 메세나, 광고, 홍보로 대처하고 있다. 대부분의
기업은 근본적인 변화의 트렌드를 놓치고 있다. 소수의 기업만이 재
빠르게 변화의 대열에 합류하고 있다.

　한시라도 빨리 기업은 예술 체험을 전면적으로 도입하여 변화하는
패러다임에 적응하고 앞서 가야 한다. 예술 체험은 기업의 사활을 좌
우할 핵심 전략이다.

고도 기술사회에서 감성을 봉쇄당한 고객들

대도시, 대기업, 고속화, 지식화, 지능화, 기계화, 관료화로 인해 인간
은 점점 군중 속에서 기계적으로 조립된 파편의 일부가 되어가고 있
다. 도시에 대한 비판은 인류 역사 이래로 늘 있어 왔지만, 지금처럼
압도적인 다수가 도시로 모인 적은 없었다. 거대 도시에서 인간은 지
능화된 기계와 정교한 관료 시스템의 명령에 따라 살아간다.

　인간은 점점 본성적 감성을 박탈당할 위기에 내몰리고 있다.

　인간은 점점 감성적이고 직접적인 체험Erlebnis이 아닌 간접적이고
수동적인 지식만을 주입받고 있다. 인간은 거의 24시간 내내 미디어
의 홍수 속에서 과도한 시청각 자극에 노출되어 있다. TV와 라디오

는 말할 것도 없고 모바일 혁명으로 언제 어디서나 네트워크를 통해 광고와 미디어 프로그램을 볼 수밖에 없다. 자연스럽지 못하고 인위적인 빛과 소리와 촉각이 끊임없이 인간의 오감을 공격한다.

대기업과 거대한 국가 기구는 점점 인간미를 잃어가고 있다. 고객들은 기업과의 접촉을 갈망하고 있지만 언제나 좌절감을 맛보고 있다. 정치와 공무원, 심지어 언론마저 비난과 저주의 대상으로 전락하고 있다. 사람들은 그들을 믿지 못하고 음모론에 더 강한 흥미를 느낀다.

인간 생명은 본능적으로 강하게 반발하고 길들여지기를 거부하고 있지만 엉뚱한 부작용을 낳고 있기도 하다. 자연에 대한 갈망은 등산이나 걷기 열풍, 웰빙 열풍으로 이어져 환경 파괴를 낳기도 한다. 번잡한 세태와 좌절감은 도박이나 게임 중독으로 이어진다. 미디어를 통해 주입된 가짜 쾌감은 마약 같은 것으로 악화되기도 한다.

예술 체험으로 건강한 감성을 해방시켜라

기업은 이러한 인간 본성의 반발 흐름에 주목해야 한다.

내 감각을 살려주는 체험, 정말 해보고 싶었던 것을 직접 실행해볼 수 있게 해주는 체험, 거대하고 추상적인 조직이 아닌 개인 대 개인으로 만나볼 수 있는 관계의 체험, 고객의 현실과 괴리된 미디어가 아닌 생생한 기업 체험, 고객의 창조적 반응이 기업의 성실한 반응을 낳는 체험으로 고객의 건강한 감성을 해방시켜야 한다.

체험의 궁극적 지향점은 예술이 되어야 한다. 예술은 인간의 본성이 가장 건강하고 수준 높게 실체화된 것이다.

지식사회라 해도 몸을 통해 느끼는 것을 대체하지 못한다. 익히 알던 것도 직접 보고 만지고 들으면 다르다. 하지만 단순하고 빤한 체험으로는 고객을 사로잡지 못한다. 예술이 되어야 감성의 뿌리를 건드릴 수 있다.

기업의 모든 활동은 예술이라는 프레임으로 해석되고 변화하여 고객 가치를 높이는 '체험'이 될 수 있다. 광고와 홈페이지, 포장지, 매장, 애프터서비스 등 고객과 직접 접촉하는 것뿐만이 아니다.

레고의 경우에서 볼 수 있듯이 개발과 기획이 가장 흥미 있는 고객체험이 될 수 있다.

사실 고객이 아니라 기업 자신부터 예술 체험의 바다에 빠져야 한다. 몸으로 느낄 때라야 전사의 내면에 억압돼 있던 예술가적 본능을 깨울 수 있고, 기업을 변화시킬 수 있기 때문이다.

예술 체험으로 고객의 몸을 해방시켜라

소비 시대인 오늘날에는 상품의 논리가 일반화되어 노동 과정이나 물질적 생산품뿐만 아니라 문화, 섹슈얼리티, 인간관계, 심지어 환상과 개인적 욕망까지도 지배하고 있다. 모든 것이 이 논리에 종속되어 있는데, 그것은 단순히 모든 기능과 욕구가 조작된다고 하는 의미에서뿐만 아니라 모든 것이 진열되어 구경거리가 된다는 보다 깊은 의미에서이다.

소비 과정은 기호를 흡수하고 기호에 의해 흡수되는 과정이다. 기호의 발신과 수신만이 있을 뿐이며 개인의 존재는 기호의 조작과 계산 속에서 소멸한다. 소비 시대의 인간은 자기 노동의 생산물뿐만 아니라 자기 욕구조차 직시하는 일이 없으며 자신의 모습과 마주 대하는 일도 없다. 그는 자신이 늘어놓은 기호들 속에 내재할 뿐이다. 초월성도 궁극성도 목적성도 더 이상 존재하지 않게 된 이 사회의 특징은 '반성'의 부재, 자신에 대한 시각의 부재이다. 이 시대에는 인간이 자신의 모습과 마주하는 장소였던 거울은 사라지고, 대신 쇼윈도만이 존재한다. 거기에서 개인은 자신을 비춰보는 것이 아니라 대량의 기호화된 사물을 응시할 따름이며, 사회적 지위 등을 의미하는 기호의 질서 속으로 흡수되어 버린다. 소비의 주체는 기호의 질서이다.

소비의 가장 아름다운 대상은 육체이다. 오늘날 육체는 광고, 패션, 대중문화 등 모든 곳에 범람하고 있다. 육체를 둘러싼 위생, 영양, 의료와 관련한 숭배의식, 젊음, 우아함, 남자다움 혹은 여자다움에 대한 강박관념, 미용, 건강, 날씬함을 위한 식이요법, 이 모두는 육체가 구원의 대상이 되었다는 사실을 증명한다. 육체는 영혼이 담당했던 도덕적, 이데올로기적 기능을 문자 그대로 넘겨받았다. 오늘날 육체는 주체의 자율적인 목적에 따라서가 아니라, 소비 사회의 규범인 향락과 이윤 창출의 원리에 따라서 다시금 만들어진다. 이제 육체는 관리의 대상이 된다. 육체는 투자를 위한 자산처럼 다루어지고, 사회적 지위를 표시하는 여러 기호 중 하나로서 조작된다.

그러나 고객의 몸을 이렇게 계속해서 옥죄는 것은 미래의 시장을 갉아먹는 '자살 행위'에 가깝다. 자본주의 시장은 점점 포화되고 있다. 그것은 건강한 '소비의 에너지'가 사라졌기 때문이다.

예술은 고객들에게 상품을 구매하고 소비하고 그것으로 무언가를 새롭게 만들어낸다는 것의 참된 의미를 깨닫게 해줄 수 있다. 즉, 수동적인 소비자로서 공허한 기호만을 허겁지겁 주워 삼키는 것이 아니라 능동적인 창조자로 거듭나게 해줄 수 있다.

전사와 예술가(3)
예술적인 체험의 설계

초월: 기업 혹은 제품이 지향하는 철학과 가치에 어긋남이 없는, 그것을 가장 순수하게 맛볼 수 있는 체험을 설계하라.
사례: 과자의 꿈을 주제로 한 예술 작품, 매장에 전시된 독특한 박스 아트

미학: 고객의 불편함을 최소화하고, 인간의 미적 쾌감과 감성을 자극하는 체험을 설계하라.
사례: 안전하고 효과적인 병 아트 체험 장비, 보는 것을 넘어 열 때도 미적 감성을 자극받는 제품 포장

유희: 즐겁고 호기심이 느껴지며 부담이나 규율을 강요하지 않는 유쾌한 체험을 설계하라. 고객과 함께 배우고 학습하라.
사례: 유머 넘치는 과자 예술, 기발한 웨하스 퍼즐 장비, 회의 때마다 유머 나누기

몰입: 접하는 순간부터 여러 잡생각이 사라지고 오직 그것에만 집중할 수 있는 체험 프로그램과 환경을 설계하라.
사례: 고도의 집중을 요하는 병 아트, 번잡한 거리에서 떨어져 있는 고객 체험장, 난이도 높은 장승 깎기 및 3D라이노 교육 및 조형 만들기

소통: 고객의 느낌, 의견, 지식을 빠르고 전면적으로 받아들일 수 있는 커뮤니케이션 채널을 설치하라.
사례: 아트블럭 게시판, 예술인 양성, 원재료 파동 사과 음악회, 각종 경진대회, 아트블럭

4. 전략과 리더십: 전사와 예술가의 위대한 공존

전사는 어떠한 존재인가?

전사는 적을 제압하고 영토를 점령하여 성벽을 쌓아야만 안심할 수 있다. 그들은 언제든 성벽 밖에서 몰려올지 모르는 외적이나 야수를 찾아내기 위해 긴장을 늦추지 않는다. 그들은 적이 죽지 않으면 내가 살아남을 수 없으며, 이 세상이 존재하는 한 적은 결코 사라지지 않는다고 생각한다.

전사는 낭비를 싫어한다. 효율성과 대량생산은 전사의 지상 과제이다. 효율성과 대량생산은 곧 힘이요 강력함이다. 그래야만 적을 무찌를 수 있고, 성벽 안에 있는 사람들에게 음식과 따뜻한 잠자리를 넉넉히 줄 수 있다.

전사는 창조에 필연적으로 수반될 수밖에 없는 목표의 부재를 싫어한다. 그들은 있는 시장을 정복하려고 한다. 남들이 만들어낸 땅을 정복하는 것은 그들의 권리이며, 그를 위해 수단과 방법을 가리지 않는다(왜냐하면 적도 그러하기 때문이다).

전사는 엄격한 규율과 위계질서, 복종을 중시한다. 전투가 시작되었을 때 주저하고 다른 소리를 하는 자는 용납되지 않는다. 그들은 일사불란하게 움직여서 목표를 점령해야 한다. 지휘관의 명령은 반드시 실행되고 달성되어야 한다. 희생은 불가피하며 그에 따른 보상을 바라서도 안 된다.

33

전사는 인간의 성악설을 신봉한다. 인간은 자신의 유전자를 후세에 전하기 위해 끝없이 투쟁하며, 먹고 먹히는 존재이다. 이것이 인간의 본질이기에 전사는 항상 성벽을 쌓고, 위험한 세상으로부터 우리를 보호하는 성스러운 역할을 자임한다.

예술가는 어떠한 존재인가?

예술가는 창조와 소통을 통해 기쁨을 느끼는 존재이다. 그들은 성벽을 넘어 세상을 여행한다. 그들에게 세상이란 아름다운 캔버스이자 공연장이다. 노래와 춤을 함께 해줄 사람이 필요하고, 없다면 스스로라도 즐긴다.

그들은 굶어 죽는 한이 있더라도 창조의 손길을 포기할 수 없다. 밥보다 중요한 것이 예술이다. 그들은 세상을 아름답게 장식하고 행복과 기쁨의 감정을 스스럼없이 드러내고자 한다.

그들은 자유롭게 상상하는 것을 즐긴다. 정해진 목표를 향해 돌진하는 법은 없다. 불규칙과 돌발성은 짜릿한 영감을 준다. 효율적으로 작동하는 기계마저 아름다운 빛깔과 소리로 꾸며야만 직성이 풀린다.

그들은 꽉 짜인 틀과 통제, 명령에 거부감을 갖고 있다. 그들은 누군가가 기획하고 상상한 것을 효과적으로 집행하는 존재가 아니라 스스로 상상하고, 자기 하고 싶은 대로 할 때 최고의 성과를 낼 수 있다. 애써 만든 것을 파괴하여 새로운 사조를 만들어내는 것이 그들의 숙명이다.

예술가는 남이 만든 시장을 침범하지 않는다. 그들은 없던 시장을 만들어낸다. 그들은 세상을 다르게 보고 싶어 한다. 그들은 정착하는 것을 본능적으로 싫어한다.

예술가들은 성선설을 믿는다. 인간은 함께 창조하는 존재이다. 개체의 유전자는 섞이며 서로 소통하고 새로운 존재로 거듭난다. 이것이 인간의 본질이기에 예술가는 항상 벽을 넘고 세상이라는 캔버스 위를 소요한다.

전사와 예술가의 상호 이해와 공존이 성공을 부른다

전사와 예술가의 공존은 우리 시대에 기업을 성공으로 이끄는 위대한 비밀이다. 시대의 변화를 읽어낸 전사는 최신 무기를 만들고 있는 존재가 예술가임을 안다. 엄한 규율과 단호한 투쟁성을 포기하지 않되 예술가들을 포용할 수 있는 여유 공간을 넓히고 그들을 보호하며 육성하려고 한다. 시장의 난폭함을 냉정하게 파악한 예술가는 전사의 행동 전략을 적절히 활용하여 스스로를 보호한다.

궁극의 경지에서 전사와 예술가는 서로를 마주할 수밖에 없다. 전사에게 예술이란 전쟁의 판도를 근본적으로 바꿀 새로운 전략이다. 예술가에게 비즈니스 전쟁은 가장 극단적인 예술이다. 생존과 창조는 인간과 기업의 삶 그 자체이다. 생존만이 남는다면 짐승에 머물 것이고 생존 없는 창조란 공허한 망상에 불과하다.

삼성의 성공은 이러한 맥락에서 설명할 수 있다. 그들은 전사로서 최고의 위치에 올라섰으나 과감히 예술가로서 변신하고 있다. 그들은 예술가가 된 전사로서 환경 변화에 능동적으로 대처하고 있다.

초월: 꿈의 힘을 믿는다, 스스로가 기업의 가치에 헌신한다, 윤리와 사회적 책임을 중시한다, 현실에 안주하는 것을 싫어한다, 몽상을 즐긴다.

미학: 비효율을 없애고 감성을 자극하는 업무 환경을 만든다, 창조적인 업무 도구를 도입한다, 성과의 포인트를 짚어내어 거기에 집중하도록 독려한다.

유희: 항상 분위기를 즐겁게 만든다, 농담과 유머를 늘 즐긴다, 자율성을 극대화한다, 호기심과 탐구정신이 왕성하다.

Artistic Leadership Pentagon

몰입: 업무에 전념할 수 있는 환경을 만든다, 동료들이 창조적인 일에 전념할 수 있도록 앞장서 돕는다, 자신의 일을 즐기고 사랑한다, 하는 일에서 최고의 기량을 발휘하려고 한다, 자신만의 시간을 소중히 여긴다.

소통: 경청의 기술이 뛰어나다, 언제나 감성적인 스토리로 설득한다, 다른 생각이나 특징에 대해 개방적이다, 동료의 문제의식이나 고민을 알아차린다, 경쟁자의 창조적 성과를 인정하고 과감히 수용한다.

5. 미래의 일: 노동 사회에서 예술 사회로

자동화 기술은 별다르게 발달하는 게 아니다. 사람이 잘하는 걸 연구하고 모방해서 자동화하는 게 기술 발달이다. 예전에는 백과사전 하나 만들려면 수많은 학자와 편집자, 디자이너가 몇 년 동안 매달려야 했다. 지금은 다르다. 자연히 비용도 내려간다. 단순한 지식으로 하는 노동은 갈수록 기계와 컴퓨터에 밀려나기가 쉽다. 예전과 달리 정보 통신 기술이 좋아져서 꼭 모든 일을 회사 안에서 할 필요가 없기 때문이다.

혹시 뭔가에 익숙해진 것을 '일 잘하는 것'으로 착각하고 있지는 않은가?

냉정히 말해 우리가 하는 대부분의 일은 기계나 컴퓨터로 처리하기엔 너무 비싸서 우리에게 남겨진 것인지도 모른다.

반복되는 일, 규칙이 분명하고 투입과 산출의 관계가 뚜렷한 기능은 대부분 기계로 대체할 수 있다고 봐도 된다. 관광 가이드 같은 일은 얼핏 봐서는 꼭 사람이 해야 하는 일 같지만, 간단한 스마트폰 앱으로 대체하고 비용을 대폭 낮추면 고객들이 몰려들 수도 있다. 설명도 훨씬 정확하니까 오히려 이쪽이 더 좋을 수도 있다. 학생들이 하는 공부야 두말할 나위도 없다. 컴퓨터보다 영어 단어나 법 조항, 의료 사고 케이스에 대해 잘 아는 인간은 아마도 없을 것이다.

몸과 머리로 하는 단순 반복적인 노동은 언제든 기계로 대체될 수 있다. 결국 우리는 머리와 가슴이 결합된 노동을 해야 한다.

사람은 세 가지 힘으로 일을 한다. 몸의 힘, 머리의 힘, 가슴의 힘이다. 피라미드나 거대한 성당, 왕궁이 건축되던 시절에는 몸의 근력이 최고로 중요했다. 하지만 건설현장에 중장비가 투입되고 자동 방적기가 발명되면서 사람의 몸 기술은 급격히 그 가치가 떨어졌다.

어떤 작업 현장에 가도 사람의 숫자는 점점 줄어든다. 대부분의 업종이 사람을 덜 쓰는 방향으로 자꾸만 변해간다.

요즘에는 머리를 많이 써야 한다. 그것을 저명한 학자들은 지식 사회라고 이야기한다. 기억력은 구글에 맡기고 판단을 하고 상상을 하라고 요구한다.

그렇다면 AQ 사회에서 능력의 차이는 어디에서 생겨나는 것일까? 크게 다섯 가지 후천적인 노력이 사람의 능력을 가르게 될 것이다.

첫 번째는 몰입에서 비롯된 내면의 갈망이다. 스스로를 얼마나 절실하게 이해하고 있는가? 남에게 보여주기 위한 용도가 아니라 자신의 내면과 정직하게 맞대면하여 물어볼 필요가 있다. 나는 무엇을 갈망하고 있는가?

두 번째는 모든 것에서 기꺼이 배움을 얻고 즐기는 자세다. 과거의 성실함은 매우 진지하고 무거웠다. 하지만 정보가 풍부하고 변화가 빠른 지금 시대의 성실함은 가볍고 즐겁게 배우는 유희에 가까울 것이다.

세 번째는 초월적 상상에서 우러나는 통찰이다. 단순히 큰 그림을 그리는 것을 넘어 현실을 넘어서는 과감한 생각의 도약이 '실력 차이'를 낳게 될 것이다.

 네 번째는 아름다움에 대한 감수성이다. 이것은 미래 세대가 훈련하고 키워야 할 유일무이한 '감수성'일지도 모른다.

 다섯 번째는 '공감' 능력이다. 지배욕, 승부욕 등 전사적 미덕에 대비되는 예술가적 덕목이라 할 이 능력이야말로 AQ 노동의 성패를 좌우할 것이다.

우리만의 예술 '장르'를 선택하고 계발하라

크라운해태는 '국악'에 목숨을 건다. 왜인가? AQ 역량의 향상은 말로만 예술을 사랑하는 것이 아니라 몸으로 느끼고, 스스로 예술가가 되어야만 가능하다고 믿기 때문이다. 그런데 왜 하필 국악인가? 그것은 나 자신의 경험 때문이기도 하지만 과자의 즐거움과 '흥'이라는 한국적 감성에 대한 고찰이 있었기 때문이다.

 당신 기업의 AQ 역량을 키우고 싶다면, 이처럼 자신의 역사와 제품과 시장과 고객에 대한 통찰을 기반으로 자신만의 예술 '장르'를 선택하고 계발해야 한다. 단순한 예술 후원이나 취미 활동 지원을 넘어 정말로 프로 수준에 도달해보겠다는 독한 각오가 필요하다. 예술은 그저 여유로울 때 해볼 수 있는 것이 아니라, 생존을 위한 전략적 도약이다.

 이것은 비단 기업에만 해당되는 이야기가 아니다. 국가적 차원에서도 예술가와 예술 장르에 대한 고민이 필요하다. 가령 한국은 유희적 성격이 매우 강한 나라다. 독특한 풍자와 해학, 자유를 추구하는 성향이 강하다.

우리나라는 참 대단하다. 한국인은 호기심이 엄청나고 남이 하는 것은 자기도 꼭 해야 한다. 게다가 새로운 것을 굉장히 좋아하며 빠르게 받아들인다. 더욱이 굉장히 열정적이다.

세계 경제가 엉망일 때도 삼성은 갤럭시 시리즈를 내놓았고 애플의 왕좌를 무너뜨렸다. 애플은 아마도 가장 큰 적이 삼성이라고 생각할 것이다. 비록 소송 전쟁에서 삼성을 꺾었지만 애플은 지속적으로 견제구를 던지고 새로운 생태계 방어망 만들기에 열심일 것이다. 그러나 포기할 줄 모르는 나라 한국은 어떻게 하든 계속 도전할 것이다. 구글이 최고의 파트너로 한국 기업들에게 깊은 연대감을 표하는 까닭이 바로 거기에 있다.

한국은 구글 스타일이다. 유희라는 감성에 가장 가까운 국민성을 갖고 있다. 일본은 애플 스타일의 통제된 미학의 길을 걷게 될 것이다. 반대로 한국은 흥의 문화를 살려 구글의 유희 전략을 개선하고 한국화하는 것이 올바른 전략이 될 것이다.

다만 한국이 구글의 유희 전략을 빠르게 수용하고 있다 해도, 한국인은 아직 '생존의 공포'에서 벗어나지 못하고 있다. 한번 뒤처지면 영원히 끝이라는 공포가 여전히 한국인 특유의 '흥'이라는 창조 본능을 마비시킬 때가 많다. 우리는 생존 본능과 창조 본능의 긴장을 잘 이해하고 스스로의 미래를 진지하게 성찰해야 할 것이다.

예술가적 기업은 인간 내면에 뿌리 내린 창조자로서의 본질, 행복을 누리고자 하는 본질에 주목한다. 그들 AQ 기업에게 예술이란 창조의 도구이자 재료이며, 창조의 씨앗이자 영감이며 혁신의 방법론이다.

예술을 알고, 스스로의 내면에 잠재한 예술가를 깨우는 기업은 규모나 산업의 종류, 업계 순위나 기술 수준을 불문하고 가치 혁신의 선도자로 거듭나서 최고의 수익과 브랜드 가치를 누린다. 그들은 예술 행위 속에 감춰진 미학, 초월, 유희, 몰입, 소통이라는 다섯 가지 욕망의 프레임을 간파하고, 조합하고, 자신의 비즈니스와 시장을 창조한다.

(1) 미학 - 세상을 아름답게 정리하려는 욕구

예술의 기본은 아름다움이다. 인간은 정갈한 것, 우아한 것, 감성을 고양시키거나 부드럽게 가라앉혀주는 것에서 아름다움을 느낀다. 그리스의 파르테논 신전, 석굴암 본존불은 아름다움의 표준으로 여겨진다.

(2) 초월 - 낡고 평범한 현실을 넘어서려는 몸부림

예술은 항상 초월을 꿈꾼다. 세속을 초월하는 성스러움, 현실의 질곡을 깨려는 혁명, 새로운 사조를 만들기 위한 창조의 몸부림은 예술의 영원한 테마였다. 고딕 성당과 바흐의 클래식은 신성의 표본이었고 톨스토이의 소설은 혁명의 서곡이 되었다. 할리데이비슨은 탈선에 가깝던 열광적인 소유자들의 모임에 탈속의 체험을 제공하여 혼다나 야마하의 위협에도 최고의 수익을 올린다. 망해가던 할리데이비슨을 되살린 13인은 예수의 사도에 비견될 만큼 오토바이 만들기와 라이딩을 사랑하고 추앙한다.

(3) 유희 – 꽉 짜인 세상과 인생을 즐겁게 해주는 유머

예술의 생물학적 뿌리는 유희 본능이다. 곰이나 돌고래 같은 동물은 깜짝 놀랄 만한 수준으로 놀이를 즐긴다. 유희는 인간만의 독점적 산물이 아니다. 아이들은 유희를 통해 예술가적 기질을 부모에게 과시한다. 그러나 유희는 IQ 사회에서 엄청난 탄압과 천대를 받았다. 유희는 비생산적이고 소모적이며 심지어 반사회적이라는 낙인이 찍히기도 했다. 예술가들은 유희를 즐긴다. 유희는 여유와 자유를 준다. 유희는 두려움을 없애준다. 유희는 세상을 전혀 다르게 바라보도록 만든다. 백남준과 채플린의 유희를 통해 우리는 유희의 위대한 힘을 느낄 수 있다. 아인슈타인과 같은 과학자들도 유희를 즐겼다. 구글과 픽사는 유희적 기업 문화를 통해 세상을 즐겁게 만들고 있고 최고의 성과를 거두고 있다. 버진 그룹의 리처드 브랜슨은 유희를 비즈니스로 바꾼 AQ 리더이다.

(4) 몰입 – 과업과 자신의 혼연일치

예술가의 작업 방식을 단 두 글자로 이야기하자면, 몰입이다. 아니 인간은 누구나 황홀한 몰입을 통해 창조주가 된 듯한 기쁨을 맛보고 싶어 한다. 디즈니랜드는 고객을 감동적인 스토리 속에 몰입시켜 새로운 삶의 에너지를 선사하고 있다.

(5) 소통 – 다른 것끼리의 교류

예술은 궁극적으로 차원 높은 소통을 꿈꾼다. 고대 그리스의 바쿠스 축제나 우리의 사물놀이, 이슬람 신비주의의 수피 댄스는 참여하는 이들을 완벽한 하나로 만들곤 했다. 스토리 또한 인간의 소통 본능의 표현이다. 레고는 제품의 기획과 설계에 고객 아이디어를 과감히 수용하고 있다. 폭스바겐과 같은 선도적인 자동차 업체는 체험 테마 단지를 만들어 고객과 차원 높은 소통을 한다.

전사와 예술가(5)
시장과 고객은 예술가를 원한다

초월: 계층화의 고착, 격렬해진 자본주의적 경쟁과 거대해진 기술 문명, 팽배한 물질주의에 고객들은 지쳐가고 있고, 강하게 반발하기도 한다.
사례: 할리데이비슨, 한살림, 템플스테이

미학: 기술의 과잉, 기술의 평준화는 사람들을 지치고 답답하게 만들었다. 고객은 보다 인간적이고 단순한 환경을 요구하고 있다.
사례: 애플의 성공, 구글 검색

Artistic Customer Desire Pentagon

유희: 경쟁의 격화에 따른 생존의 압박, 양극화의 심화 등 개인의 힘으로 어쩔 수 없는 상황을 보다 즐겁게 혹은 풍자적으로 보고 싶어 하는 고객이 늘고 있다.
사례: 세스코, 걸 그룹, 무한도전, 남자의 자격, 각종 취미 산업

몰입: 도시화, 정보와 지식의 빠른 확산, 미디어의 폭증, 경쟁 격화 등 외적 요인에 의해 강요되는 불안감과 소란스러움을 뭔가에 빠져들어 잊어버리려는 흐름이 확산되고 있다. 반대로 기계적인 업무나 규율에 억압됐던 창조적 에너지를 발산하기 위해 뭔가에 몰입하려는 흐름도 강해졌다.
사례: 게임 산업, 오타쿠, 취미 마니아

소통: 경쟁과 이해관계 위주로 재편된 인간관계가 주류가 되었다. 직장이나 사회에서 친밀한 인간관계를 맺을 여유가 없다보니 온라인이나 각종 동호회를 통해 친교를 맺으려는 흐름이 강해졌다.
사례: 페이스북, 교회, 취미 동아리

7. 균형과 파괴: 욕망의 조화와 불균형이 기회를 만든다

단 하나의 속성만 가진 AQ 기업은 없다

예술가적 기업은 단 하나의 예술적 욕망에만 기대지 않는다. 그들은 다섯 개의 예술적 욕망 가운데 몇 가지를 적절히 조합하고 그들 사이의 균형과 불균형, 조화와 대립 속에서 창조와 수익의 기회를 발견한다.

예를 들어 현재의 애플은 미학과 소통이라는 두 개의 예술적 욕망을 비즈니스의 양대 기둥으로 삼고 있다. 그들은 게임 플랫폼의 미래 가능성에 주목하면서 몰입 욕망에서 새로운 창조의 기회를 모색하고 있다.

레고도 마찬가지다. 레고는 소통을 통해 고객과 함께하는 창조 전략을 쓰고 있다.

예술 속성들 사이의 정체된 균형 상태를 파괴하라

인간은 고정된 상태를 싫어한다. 생명의 본질인 떨림(동적 평형 상태)과 흡사하게, 안정과 흥분 사이를 오가면서 늘 새로운 감성을 맛보려고 한다. 다섯 가지 예술적 욕망도 지속적으로 요동친다. 기업은 그런 요동 속에서 끊임없이 창조와 수익의 기회를 발견할 수 있다.

크라운해태는 무색무취하고 감성이 메말라버린 과자 시장에서 '꿈'이라는 가치를 창출했다. 우리의 삶 속에서 과자가 가질 수 있는 다양한 감성적 가치를 예술적 퍼포먼스로 승화시켰다. 다른 기업이

맛이나 고객 세분화, 가격 경쟁에만 주목할 때 크라운해태는 고객의 가슴속에 내재한 예술적 욕망을 정확히 포착해낸 것이다.

예술 욕망들 사이의 불균형도 기회를 만든다

미학을 과도하게 추구하다 보면 고객의 자유를 통제하게 되는 경우도 있다. 따라서 시장은 자연스럽게 유희적 속성을 보강하여 균형을 추구하는 혁신을 요구하게 된다. 가령 마이크로소프트와 인텔의 연합인 윈텔 진영이 주도한 방종에 가까운 기술 혁신은 고객을 지치게 했고 애플의 우아함에 열광케 했다. 반대로 애플의 통제에 대한 반감은 구글과 삼성의 유희에 대한 열광을 불러일으켰다.

고집스럽게 자신에게만 몰입하는 경향은 소통에 대한 니즈를 불러일으킨다. 낡은 권위에 기댄 미디어의 일방통행에 지친 고객들은 자신들만의 소통 수단인 트위터나 블로그 등을 통해 새로운 뉴스 채널을 만들고 있다.

어떤 기업도 예술가적 혁신을 할 수 있다

인간의 예술적 욕망은 무차별적이다. 예술과 무관할 것 같은 광물 업체도 매몰 광부를 구출하는 감동적인 스토리로 소통의 욕망을 자극할 수 있다. 미학, 초월, 유희, 몰입, 소통은 모든 산업을 혁신할 것이다. AQ를 아느냐 모르느냐에 따라 사양 산업도 창조 산업이 될 수 있고, 첨단 산업도 사양 산업이나 다를 바 없는 나락에 빠질 수 있다.

Artistic Quotient

초월: 가슴 설레게 하는 꿈을 주고 있는가? 제품, 서비스, 조직 문화, 기업 이미지 가운데 어떤 것으로든 고객의 가슴을 설레게 하는 가치와 꿈이 있는가?

미학: 인간의 미학적 본능과 감성적 욕구를 자극하고 있는가? 제품, 기업 문화, 전략, 서비스 등이 우아하고 매끄러운가? 고객에게 아무런 가치도 줄 수 없는 비용이나 불편을 강요하고 있지 않은가?

유희: 고객이 상품이나 서비스, 기업 문화로 인해 몇 번이나 미소를 짓거나 폭소를 터트릴 것 같은가? 우리의 제품이나 서비스, 전략, 문화에 대해 고객들이 호기심을 갖고 조사하고 있는가?

Artistic Customer Value Pentagon

몰입: 우리의 상품에 중독된 고객들이 있는가? 장기적으로 우리 제품을 애용해온 고객의 비율은 어느 정도인가? 혹은 우리 기업의 웹사이트를 즐겨찾기에 올려 놓은 고객들은 있는가?

소통: 기업의 창조 과정에 고객이 참여하고 있는가? 기업의 웹사이트에 고객이 관심을 갖고 수집하는 콘텐츠가 충분한가? 기업의 이벤트를 알아서 챙기고 알리는 팬보이들이 있는가?

AQ 시대가
오고 있다

01

예술 경영,
10년간의 도전

우리는 해마다 국악 공연인 '창신제'를 열고 있다. 특히 2012년에는 내가 도창자로 나서 임직원 100명의 판소리 '떼창'을 이끌었다. 100인 떼창은 '세계 최다 인원 동시 판소리 공연'으로 공식 등재되기도 했다.

창신제는 명창들의 국악 공연과 서양 클래식 음악, 대중가요 등을 선보이는 무대다. 2012년에 8회째 공연을 했다. 그동안에는 명인들과 크라운해태에 소속된 '락음' 국악단이 주도했는데, 2012년에는 1년에 가까운 준비 끝에 우리 구성원들이 직접 '떼창'을 선보였다. 어설픈 아마추어의 무대가 아니라 적어도 사철가 하나만큼은 완벽하게 해냈다.

제과그룹이 국악 행사를 한다니, 특이하다고 느낄지 모르겠다. 튀어 보이거나 미디어용 홍보 거리 만들기로 받아들일 수도 있다. 기업 하는 입장에서 그런 의도가 없다면 거짓말이다. 실제로 크라운해태 하면 '국악 행사'를 떠올리는 고객도 있고, TV 채널에서 단편 다큐나 장기 기획으로 다루기도 했었다. 심지어 세계기록에까지 등재되었으니 화젯거리 만들기로는 이보다 더 좋을 수 없을 만큼 크게 성공한 셈이다.

세종문화회관에서 열린 국악 공연 창신제에서 크라운해태 임직원 100명이
판소리 사철가 '떼창'을 하고 있다.

그러나 우리의 진짜 목적은 그것이 아니다. 창신제 또한 나와 크라
운해태가 만들어가는 장기적인 AQ 프로젝트의 일부일 뿐이다. 나는
우리 크라운해태를 단순한 기업이 아닌, 프로페셔널 예술가 집단으
로 만들려 한다.

10년에 걸친 노력 끝에 프로젝트는 상당히 의미 있는 성과를 거두
었다. 판소리 사철가 떼창이 세계기록에 등재된 것도 이런 노력이 거
둔 결실 가운데 하나다. 판소리, 조각, 시, 건축, 유리 공예 등등 갖가
지 장르에서 크라운해태의 구성원들은 탁월한 솜씨를 발휘한다. 예
술 기부 활동인 메세나, 각종 행사 주최 및 후원도 꾸준히 해왔다. 규
모, 역사, 전문성, 조직적 참여, 사회적 기여 면에서 우리 크라운해태
는 예술가 동호회, 아니 예술 창작 집단으로 불려도 손색이 없다.

　국내 최초의 민간 국악단으로 창설 10년을 내다보는 '락음'은 단순히 명맥만 유지하는 것이 아니라 음반 발표, 각종 연주회 등으로 눈코 뜰 새 없이 바쁘다. 크라운해태 직원들이 국악을 본격적으로 배우기 시작하면서 더욱 강한 자극을 받고 있다. 다수의 젊은 조각가들도 전문적인 공간과 후원 속에서 작품 활동을 하고 있다. 그들이 입주한 경기도 양주의 아트밸리에는 주기적으로 세계적인 조각가들이 찾아오고, 각종 작품이 들어온다. 물론 크라운해태의 직원들도 조각을 배우고 작품 활동을 한다.

　이는 우리가 하는 예술 활동의 극히 일부일 뿐이다. 국악 행사만 해도 창신제, 대보름 명인전, 어버이날 효도 큰잔치, 고객님께 국악의 향기를, 한일 전통 교류 음악회, 국악 아카데미, 각종 정기 연주회

를 열고 있다. 국악 꿈나무를 선발하기 위한 경연대회와 명인들을 위한 양주 풍류악회, 국악의 날 행사도 거르는 법이 없다. 이들 행사에서 나오는 각종 음원도 CD로 제작하여 보급한다.

조각과 조형 분야에도 관심이 커서 예술가들에게 개인 작업실과 동양 최대 규모의 조각전문 스튜디오를 제공하고 있으며 세계 조각의 흐름을 한눈에 확인하는 국제 조각 심포지엄(아리랑 어워드)도 매년 개최하고 있다. 또한 양주 아트밸리에서 열릴 계획인 1000인 눈떼조각 등을 통해 기업 구성원의 AQ 역량 향상을 도모한다.

크라운해태의 구성원들은 이런 행사에서 진행 실무를 담당한다. 작품은 누구보다 잘 만들지만 주최자이기에 참가하지 못하는 것뿐이다. 유리, 장승, 조각, 로봇, 건축물 등등 우리 구성원들은 프로 못지않은 안목으로 작품을 평가할 수 있고, 실제로 만들 수도 있다. 크라운해태는 프로에게 배우고 학습하여 고객들을 위한 행사에서 그 실력을 발휘한다.

양주 아트밸리에서부터 광화문 광장, 용산의 크라운해태 본사 건물, 동해, 서해의 바닷가에 이르기까지 다종다양한 공간에서 열리는 전시 체험 행사는 실력과 감각을 갖춘 크라운해태 직원들의 주도하에 열린다. 여기서도 작가들이 고객을 응대하지만 그 뒤에는 작가들을 완벽하게 이해하는 크라운해태의 직원들이 있다. 전시 체험 행사는 전국의 대형마트에서 열린다. 또한 수시로 이동무대를 설치한 대형버스로 직접 고객을 찾아간다.

간단히 줄여보자면, 프로 예술가들에게 배워 고객과 공유하는 것

'오예스' 과자를 이용해 만든 장미 그림.(위)
과자 봉지와 박스를 재활용해 만든 거대한 불사조.(아래)
대형마트에 전시되자 고객들로 인산인해를 이루었다.

무늬가 없던 쿠크다스에 S라인의 데코레이션으로 생동감과 아름다움을 준 결과
매출 상승효과를 내고 있다.

이 크라운해태의 방식이다. 그렇게 해서 더 많은 사람들이 예술을 이해하고 자기 내면의 창조 본능을 충족시킬 수 있는 능력을 배양하자는 것이다.

비용도 막대하게 투자한다. 크라운해태가 거둬들이는 순이익의 10퍼센트 이상이 각종 AQ 관련 프로젝트에 들어간다. 평균적인 기업에서는 찾아볼 수 없는 '진풍경'이다. 무수한 비판과 비난, 비아냥거림이 없을 수 없다. 노골적으로 왜 그런 '헛짓'을 하느냐고 따지는 이들도 있다. 회장 개인의 예술 취향을 기업 조직과 구성원에게 강요하지 말라는 목소리도 들린다.

일견 수긍이 간다. 예술 후원, 예술 마케팅을 넘어 기업 조직 전체를 예술가 집단으로 바꾸겠다고 막대한 비용을 쏟아 붓고 조직 구성원에게 부담을 주다니! 비즈니스 상식과는 전혀 어울리지 않는다. 그런데 참 흥미롭게도 현장에서 고객들은 다른 반응을 보여준다. 두 장의 사진을 봐주었으면 한다.

'오예스' 과자를 이용해 장미 그림을 만들었다. 그저 장미를 흉내낸 것이 아니라 한국 화단에서 최고로 꼽히는 심명보 화가의 작품을 있는 그대로 재현한 것이다. 2008년 서울의 대형마트 A지점에 이 작품이 전시된 첫날 고객들로 인산인해를 이루었다. 예술적 감수성이 높은 이들부터 하나둘 모이더니 얼마 지나지 않아 젊은 엄마들이 아이들의 손을 잡고 모여들었다.

다른 한 장은 봉지와 박스를 재활용해 거대한 불사조를 형상화한 것이다. 이 작품은 예술적 품격으로 따지면 앞의 것보다는 조금 떨어져 보인다. 하지만 기획부터 설계, 제작까지 모든 것을 크라운해태의 영업 담당 직원들이 손수 해냈다. 게다가 다른 것을 베끼지 않고 완전히 크라운해태의 오리지널 디자인으로 만들어냈다. '오예스'는 부동의 1위 브랜드였던 경쟁사의 파이 제품을 추월하기까지 했다.

기업이 이익을 내는 가장 좋은 방법은 높은 가치로 비싼 가격을 받아내는 것이다. 과자 업계가 무슨 수로 높은 가치를 인정받을 수 있을까? 인간 창조력의 정수라 할 예술을 배우고 그것을 제품, 영업, 홍보 등에 접목한다면 고객들로부터 인정받을 수 있을 것이라고 나는 믿었다. 실제로 '아트 마케팅'은 성과를 냈고, 지금도 시장에 잘 먹힌다.

하지만 크라운해태의 AQ 프로젝트는 아트 마케팅 수준을 넘어선 지 오래다. 우리는 기업 구성원을 프로페셔널 예술가로 키우고 있다. 예술가의 고뇌라는 말을 많이 들어보았을 것이다. 크라운해태의 구성원들은 예술적 고뇌를 한다.

10년을 AQ 프로젝트 속에서 성장한 A 부장은 안 해본 것이 없다. 시 쓰기에서 집짓기, 유리 공예, 장승 깎기, 판소리까지 예술로 실력을 평가하자면 세계의 어느 비즈니스맨과 견주어도 밀리지 않을 것이라고 나는 자부한다.

그는 제과전문 기업인 크라운해태에서 예외적인 존재가 아니다. 누구나 그렇게 한다. 예술의 역사와 이론에 대하여 전문가 못지않은 지식을 자랑한다. 10년 넘게 모닝 아카데미라는 아침 강의를 수강하고 토론을 한 덕분이다. 국가적인 외교 행사에 전시할 작품도 만들 만큼

AQ 시대가 오고 있다

기획력과 손놀림도 탁월하다. 경기도 양주에 조성된 아트밸리 방문자들은 우리 구성원들이 직접 창조한 작품을 눈으로 확인할 수 있다.

쉽게 될 리가 없다. 일하는 시간 쪼개서 머리를 맞대야 하고 손수 스케치를 하고 구상을 해야 한다. 살아오면서 예술이라고는 학교 미술 시간에 억지로 그림 몇 번 그려본 경험이 전부인 이들이 대부분이니 어찌 힘들지 않겠는가.

기존의 관점에서 본다면 명백한 시간 낭비다. 프로 예술가나 전문가들에게 '아웃소싱'을 하고 그들과 손발을 맞추는 것이 비용 면에서 더 싸게 먹힌다. 예술가 후원이나 공모전도 따지고 보면 별로 생색이 나지 않는다.

하지만 더 큰 '전략적' 목표가 있기에 나와 크라운해태는 예술가 프로젝트에 헌신해왔다. 기존의 방식, 더 싸게 더 빨리 더 많은 제품을 만들어 파는 것으로는 살아남을 수 없다는 위기의식이 우리를 AQ라는 전략적 노선으로 이끌었다.

크라운해태는 예술 마케팅이나 예술 후원의 수준을 넘어 스스로 예술가가 되려고 한다. 아마도 다른 기업과 우리의 차이를 한마디로 말하면 이렇게 정리될 것이다. 그냥 취미로 노래하는 게 아니다. 우리가 판소리를 한다는 건, 명창을 목표로 한다는 뜻이다.

우리는 각 예술 분야에서 최고의 스승을 초빙해서 배운다. 우리 구성원들의 수준과 상황, 스타일에 맞춰 지속적으로 학습법을 개량한다. 조각, 회화, 판소리, 집짓기, 시 쓰기, 유리 공예 등 모든 예술 체험에서 우리는 이 전략을 철두철미 지켜왔다. 그것도 10년 동안.

무언가를 10년간 지속하는 것은 쉽지 않은 일이다. 더욱이 특정한 전략을 10년 이상 지속해 온 것이 대견하다고 나 스스로 자부한다.

IMF 이후 전쟁터에 가까웠던 그 시장에서 우리는 붓을 들고 그림을 그렸고, 목청을 가다듬어 노래를 불렀으며, 망치를 들고 조각을 했다. 또한 펜을 붙잡고 시를 쓰기까지 했다.

누군가는 낭비라고 했다. 미친 짓이라고 했다. 하지만 불광불급(不狂不及), 미치지 않으면 무언가에 미칠(도달할) 수 없다. 우리 크라운해태는 무엇에 미쳐 있는 것일까? 우리의 정체는 무엇인가? 나는 나와 동료들의 정체를 예술가가 된 전사로 규정한다.

AQ는 전략적이다. 전략이란 거대한 구조적 변화에 적응하고 대처하는 조직의 철학이자 방향성이다. 크라운해태의 이런 행보는 예술가적 창조성을 요구하는 경제 구조의 패러다임 전환에 적응하고 대처하기 위한 전략이다. 나는 그것을 AQ 전략이라 칭한다. AQ는 Artistic Quotient의 줄임말로 IQ[Intelligence Quotient]에 대비되는 새로운 지능을 의미한다(더 자세한 것은 뒤에서 언급하겠다).

예술은 어떻게
이익을 가져오는가

경영에 본격적으로 뛰어들기 전, 나는 문학청년이었다. 잡지도 창간할 만큼 시와 소설과 에세이를 사랑했다. 나의 유별난 예술 사랑은 우리 집안의 혈통 때문일 수도 있다. 나는 고산 윤선도의 후손이다. 오우가, 어부사시사를 지으신 바로 그분.

하지만 경영 일을 시작한 이후 예술은 취미가 되었다. 시장은 생존을 건 전장이요 하루하루가 살기 가득한 전투의 연속이었다. 나에겐 예술을 향유하고 창작에 손을 댈 심신의 여유가 허락되지 않았다. 무엇보다 1980년대에 회사를 직접 세운 이후 경영자로서의 내 인생은 한마디로 실패의 연속이었다. 무능이라는 말로도 부족한, 직원과 가족에게 늘 죄만 짓는 사람이었다. 참 많이도 울었다. 평생 울 것을 그때 다 울어버린 듯하다.

어느 날은 가슴이 조여서 숨을 쉴 수가 없었다. 차라리 죽는 게 낫겠다 싶어 한강 다리 위에 올라갔다. 등 뒤에선 빚쟁이들의 외침이 들렸다. 월급 줄 돈이 없어 이리저리 손 벌리고 다니던 날들이 주마등처럼 머리를 스쳤다. 팔지도 못한 채 쌓여 있는 물건들이 어깨를 짓눌렀다. 내 인생이 혐오스러웠다. 아내에게 미안하고 애들 앞에 면목이 없던 시절, 무엇보다 스스로에 대한 혐오감에 몸부림치던 시절이었다.

그런데 강물이 이상해 보였다. 한강이 그토록 이상하게 일렁이는 걸 본 적이 없었다. 아직도 종종 시퍼렇게 출렁이던 그날의 물결이 떠오른다. 무서웠다. 정신이 번쩍 들었다. 정말 죽어버릴 심산이었으나 발길을 돌렸다. 집으로 '도망가는' 내내 뒤를 돌아볼 수가 없었다.

날 깨우친 것은 죽음의 공포였다. 한강 다리 위에서 바라본 시퍼런 강물. 그 속에서 일렁이던 실체를 알 수 없는 무서운 그것. 차라리 삶의 고통과 싸워 이기는 것이 쉬워 보일 만큼 무서웠다. 살아 있을 수 없다면 아무것도 이뤄낼 수 없다. 난 결코 죽지도 무릎 꿇지도 않으리라 결심했다. 그 무서웠던 체험 이후 나는 어떤 것도 두렵지 않다.

하지만 실패는 그 후로도 계속됐다. 1998년 크라운제과가 부도가 났다. 이전과 달라진 게 있다면, 주저앉지 않았다는 것이다. 집으로 찾아온 사채업자들에게 "이 자리에서 날 죽이고 돈을 잃던지, 날 살려서 돌려받던지 선택하라!"고 외치기도 했다.

1998년 화의에 돌입한 직후, 크라운제과는 구조 조정, 조직 개편 등 다각적인 개혁을 실시해 파산 위기를 벗어났다. 하지만 신제품 개발에 투자할 여력이 없다는 난관에 부딪쳤다. 지속적으로 신제품을 개발해야 하는 것이 제과업계의 속성이지만 수십억 원의 개발비를 부담하기 힘들었던 것이다.

우리는 지속적인 성장이 가능한 해법을 모색하다가 제휴 마케팅을 통한 신제품 확보 전략을 떠올리게 되었다. 남는 생산 설비로 다른 업체의 제품을 저렴하게 생산해주고, OEM 개념으로 우리도 신제품을 확보하자는 것이었다.

우리가 먼저 찾은 것은 당연히 국내 업체들이었다. 하지만 누구도 선뜻 우리가 내민 전략적 제안을 받아들이지 않았다. 당시 업계의 정서에 비춰볼 때 너무 앞서 간 제안이었는지도 모르겠다. 결국 우리는 중국과 일본 등으로 눈길을 돌릴 수밖에 없었다. 될 거라는 자신은 없었다. 그래도 눈앞에 보이는 경쟁자도 아니고 한국 시장이 외국 기업에 폐쇄적이던 때라 그들에겐 새로운 기회로 비칠 수도 있다는 것이 우리의 '기대'였다.

결과는 우리의 예상을 뛰어넘었다.

신제품 출시 100일 만에 100억 매출을 기록한 '미인블랙'이나, 쌀과자 시장의 선두자리를 뒤바꾼 '참쌀' 시리즈는 바로 크로스마케팅을 통해 탄생한 제품이다. 우리의 크로스마케팅은 마케팅 개념의 성공 사례로 학계에 소개될 만큼 파격적이었고, 성공적이었다. 크로스마케팅을 통해 크라운은 완전히 정상화됐다.

나는 이 성공으로 한숨을 돌린 후, 해태제과를 인수하기로 했다. IMF 이후의 시장 상황에서는 점유율 경쟁에서 뒤처지는 한 절대로 살아남을 수 없다는 판단이 섰기 때문이었다. 상식적으로는 말이 안 되는 행보였다. 크라운은 2등도 아닌 4등이었고 해태는 부도가 나서 주인이 없다 해도 시장점유율과 매출 모두 2위였다. AQ 프로젝트를 진행하는 지금과 마찬가지로 당시에도 '미쳤다'는 소리를 들었다.

두렵지 않았다. 제과업계 4등 기업이 2등 기업을 인수합병하지만,

비전과 역동성 면에서 당시의 크라운제과라면 충분히 해태를 되살릴 수 있다고 믿었다. 외국계 자본에 전통의 제과업체를 넘기고 싶지도 않았다. 모두들 만류했지만 난 물러서지 않았다. 생존 투쟁은 나를 그렇게 강하게 만들었다.

해태 인수 계약서에 도장을 찍던 날, 나는 잠시 숨을 내쉬었다. 그런데 경영이라는 게 참 이상하다. 2위 업체를 인수해서 시장점유율을 대폭 높여 생존 기반을 다진 그 순간, 묘한 느낌에 몸서리를 쳤다. '이러다 망하겠다.'

덩치가 커졌지만 IMF 이후 대마불사는 더 이상 통하지 않는 과거의 룰이었다. 커진 만큼 조금 더 안전해지긴 했지만 더 크게 망할 수도 있다는 생각이 들었다. 억울했다. 살아남기 위해 그렇게 몸부림을 쳤는데 '이렇게 하면 망한다' 하는 깨달음이 찾아오다니….

경영은 인생보다 훨씬 냉정하다. 시장점유율 높이기, 덩치 키우기 등 생존의 논리만으로는 비전이 안 보였다. 그걸 인정해야 했다.

과자 산업의 장기적인 생존 전망 자체가 어두웠다. 사양 산업으로 점점 밀려나고 있는 형국이었다. 덩치를 키운다고 해도 전체 산업계의 비전이 점점 흐려진다면, 점유율 경쟁 말고는 할 수 있는 게 없다. 첨단 산업과 달리 과자 산업은 대단한 기술적 혁신을 통해 활로를 뚫는다는 것도 쉽지 않다.

크라운에서 크라운해태가 된 이후 나는 한동안 깊은 고뇌에 빠져 지냈다. 생존을 위한 불가피한 선택이었지만, 고작 10년 남짓 가자고 덩치를 키운 것은 아니었다. 100년, 200년을 이어가는 위대한 브랜드를 만들고 싶었다.

제과업을 계속해야 하는가? 바이오테크 식품처럼 '첨단 분야'를 찾아가야 하는가? 제과의 경험에서 얻은 자산을 완전히 다른 분야에서 살려볼 수는 없을까? 가령 운수업을 하다가 금융으로 간 미국의 모 기업처럼. 최대한 빨리 자본을 모아서 떠오르는 신산업에 진출하는 것은 어떨까.

나는 제과업을 계속할 뿐만 아니라 거기에만 전념하기로 결심했다. 아버님이 세운 가업을 접을 수 없다는 의무감도 있었지만, 음식과 먹는 행위에는 깊은 매력이 있다고 생각했다. 이 세상 누구보다 나는 과자를 사랑했다. 죠리퐁, 홈런볼, 쿠크다스, 국희, 오예스.

과자를 입에 넣는 순간, 내 입술은 미소를 짓고 있다. 아삭 하는 소리, 사르르 녹는 촉감과 함께 입 안 전체로 퍼지는 달콤함. 비즈니스를 위한 식사에선 절대 느낄 수 없는 행복함이다. 심지어 시식 품평회를 하면서도 즐거울 수 있다. 무엇보다 인간이 존재하는 한 먹는 행위는 끝나지 않는다. 입맛은 쉽게 변하지 않아서 한 번 자리 잡은 제품은 오래 살아남는다. 당시 내가 즐겨 쓰던 워크맨을 보면서 이런 생각까지 했다.

'설사 워크맨이 사라진다고 해도 크라운해태의 과자는 살아남지 않을까?'

내가 경영을 시작한 이후 그 시절처럼 과자와 과자의 본질에 대해 많은 생각을 한 적이 있을까 싶을 만큼 고뇌를 거듭했다. 결론적으로 과자는 단순한 먹거리가 아니었다. 과자는 즐거움과 꿈, 소통과 연관

64

되어 있다는 생각이 들었다. 우리의 삶이 지속되는 한 과자는 살아남을 것이라는 결론이 내려졌다.

이처럼 생존성과 확장성 모두 좋은데 왜 과자가 사양 산업이 되어 이익을 내지 못하고 있을까? 코카콜라처럼 탁월한 브랜드를 갖지 못했기 때문이다. 우리는 코카콜라처럼 시장과 고객의 변화에 맞춰 끊임없이 혁신을 하지 못했다. 과자 산업은, 아니 크라운과 해태는 어떤 변화를 따라가지 못한 것일까? 내가 직접 개발을 책임졌던 죠리퐁 시절의 경험을 떠올렸다.

죠리퐁이 한창 개발되고 있을 무렵, 우리나라는 경제 개발에 여념이 없었다. 일제 강점기와 한국 전쟁으로 인해 피폐할 대로 피폐한 국내 경제를 살리기 위해, 정부는 경제개발 5개년 계획을 시행하는 등 경제 활성화를 위해 여러모로 노력을 기울이고 있었다. 하지만 부존자원 부족과 첨단 기술 부재로 인하여 우리 경제는 쉽게 발전하지 못하고 있었다.

당연히 제대로 된 과자도 없었다. 아이들 간식이라고 해봐야 쌀이나 옥수수 등을 튀겨낸 뻥튀기가 전부였다. 맛이나 품질을 따지기 이전에 과자가 없어서 못 먹던 시대였다.

죠리퐁은 바로 그럴 때 등장한다. 부드럽게 씹히고, 사카린과는 차원이 다른 단맛이 느껴진다. 한마디로 선진국형 과자였다. 처음에는 '무슨 뻥튀기를 돈 주고 사 먹느냐'며 외면을 당했다. 그러다가 한국에 살던 외국인들이 시리얼 대용으로 먹기 시작하면서 인기를 얻었다.

그제야 뭔가가 보였다. 소비자가 잘살게 된 지가 언제인데 아직까지 '낡은 감성'을 고집할 것인가? 크라운해태는 고객의 변화를 따라가지 못하고 있었다. 과거의 패러다임에 갇혀 있었고, 과자를 좁은 시각으로 보고 있었다. 기존의 방법으로 거둘 수 있는 성공의 '한계'에 도달해 있었다. 혁신의 돌파구를 찾지 않는 한 장기적인 생존은 어렵다고 느꼈다. 구조적이고 전략적인 행보가 필요했다. 그러면서도 일상적인 기업의 프로세스에 녹아들 수 있는 구체적인 무언가가 필요했다.

고객의 변화한 감성에 부합하는 고급스런 '포장'이 필요하다는 결론을 내렸다. 그래서 선택한 것이 예술이었다. 예술을 통해 우리의 제품과 회사에 감성을 불어넣는다면 브랜드와 제품의 가치가 상승하지 않을까 생각한 것이다. 예술에 대한 전통적인 접근이었다. 자본주의 초기부터 브랜드의 가치를 간파한 선진 기업들은 예술을 적극적으로 기업 경영에 도입했다. 크라운해태는 100년 이상 뒤처진 셈이다.

조직의 화합이라는 시급한 이유도 있었다. 등산, 체육대회처럼 빤한 것은 싫었다. 기왕 하는 것, 제대로 해보자는 마음에 세심하게 프로그램을 짰다. 해보니 참 좋아서 임직원들도 함께하는 프로그램을 마련했다. 창조 경영, 감성 등등 말이야 많지만 몸으로 직접 해보니 그 느낌이 사뭇 달랐다. 함께하니 서로 기가 통했다.

개인적인 체험을 통해 예술이 지닌 치유의 힘을 느끼기도 했다. 적잖이 상처 입은 회사 구성원들을 하나로 합하는 데는 예술만한 것도 없을 것 같았다. 내 마음도 적잖이 황폐해져 있었다. 살아남겠다는 강박만으로 버티다가는 정말 살아남기 힘들었기에 나는 예술을 다시

양주 아트밸리에 전시되어 있는
임직원들의 조형 창작물들.

찾았다. 미술책도 많이 봤지만 이런저런 장난감이나 영상도 만들고 조각도 해보았다.

당시에 나는 AQ 프로젝트가 지금처럼 커질 것이라곤 상상도 못했다. 그저 고객보다 뒤떨어진 크라운해태의 감성을 높여야 살아남을 수 있다고 믿었을 뿐이다. 그 무렵만 해도 예술은 마케팅을 위한 더 나은 수단이었을 뿐이었다. 이익이 났기에 계속 고집했을 뿐이다. 이렇게까지 우리를 바꾸게 될 것이라고는 꿈에도 생각지 않았다.

그런데 어느 순간부터 슬금슬금 머릿속에 의문이 들었다. 예술이 왜 이익을 가져오는 것일까? 노래를 부르고, 악기를 연주하고, 조각을 하고, 그림을 그리고, 춤을 추고, 시를 지어 낭송하고, 연극을 하는 일이 어째서 이익을 높여주는 것일까?

Artistic Quotient

전사와 예술가

IMF 이후 15년에 가까운 시간 동안 크라운해태는 시대의 주류에 반하여 다른 길을 걸어왔다. 전쟁 중에서도 가장 치열하고 잔인한 전쟁이라는 영업에 예술을 도입한 것이다.

우리는 1센티미터를 놓고도 치열한 신경전이 벌어지는 매장에 대형 예술품을 설치했다. 남들이 들으면 한가하다고 하겠지만, 조형물들은 단 하나의 예외도 없이 우리 영업 담당자들이 직접 배워서 손으로 만든 것들이다. 스케치에서부터 최종 완성, 설치까지 다른 사람의 손을 전혀 빌리지 않고 담당자들이 직접 다 했다.

남들이 가격 전쟁을 벌일 때 우리의 모든 '병사' 들은 한마음 한뜻으로 예술 공연을 한 것이다. 그것도 다른 의미의 전쟁이라고 하면 나로서도 할 말은 없지만.

단순히 신기한 것, 드문 것에 대한 반응일 수도 있다. 이벤트가 열릴 때 매장에서 이 정도 성과가 나오는 게 정상이란 해석도 있다. 특이하다, 신기하다, 이런 것도 해요, 고생이 많겠어요…. 하지만 이런 인식은 일면적이다.

우리는 예술을 전시용으로만 도입한 게 아니다. 한동안 우리 영업

영업 담당자들이 손수 만들어 매장에 설치한 조형물.

담당자들은 직접 만든 유리 공예 작품을 거래처 관계자들에게 선물했다. 돈이 많이 들었냐고? 버린 병을 주워 불에 녹여 만든 것이니 원가로 치면 싸구려다. 몸값 비싼 프로 예술가도 아니니 작품으로 쳐주기도 애매하다. 그런데 거래처 관계자들의 대접이 달라졌다.

"이야, 이거 진짜 예술이네요. 대단한데요."

예술이라는 말을 들으니 흥미로웠다. 생각해보니 우리는 일상적으로 대단히 멋지거나 수준이 고도로 높거나 세련된 것을 보면 자기도 모르게 '예술이다~!' 라는 감탄사를 내뱉는다.

잘 익은 김치와 두부가 맛나게 어우러진 김치찌개를 한 숟갈 떠서

후후 불어 먹고 나서 우리는 "우와, 찌개 맛 예술이다"라고 말한다. 프랑스의 철학자에서부터 대한민국의 어린이까지, 빙판 위를 누비는 김연아 선수의 몸놀림을 보며 마치 서로 짜기라도 한 듯 "정말 예술이다"라고 황홀한 표정으로 중얼거린다. 팀장의 짜임새 있고 박력 넘치는 프레젠테이션에 모두들 박수를 치며 "프레젠테이션이 완전 예술입니다"라고 환호한다.

이런 경험을 통해 우리는 예술이라는 게 의외로 우리와 가깝다는 걸 실감하게 됐다. 하지만 우리 크라운해태 사람들에게 예술은 단순한 '감탄사'가 아니었다. 우리는 그것을 만들기 위해 진짜 프로페셔널 예술가에게 호된 수련을 받았다. 정교한 작업 도구를 만들기 위해 최고의 장인들을 찾아다니고 숱한 실패를 통해 개선에 개선을 거듭했다. 그것은 취미생활도, 학예회 발표 작품도 아니었다. 진짜 예술이었다.

사이다 병을 녹여서 만든 유리 오리를 어디서 구입할 수 있을까? 소박한 수준이 아니라 제법 세련되고 아름답다. 비싼 돈을 주고 더 세련된 제품을 사서 선물할 수도 있지만 직접 만든 이의 정성은 따라갈 수가 없다. 만약 예술가가 만든 상품을 구매해서 주었다면 그것은 뇌물이다. 우리는 부담스러운 '뇌물'이 아니라 진짜 예술작품을 선물했기에 뿌듯했고 자랑스러웠다.

모 대형마트의 크라운해태 담당자는 우리 직원들이 만든 작품을 보면서 굉장히 부러워했다.

"정말 직접 만드신 거예요? 저도 해보고 싶어요."

의례적인 인사치레가 아니라 진심이었다. 확인을 해보니, 이런 반응이 예외적인 게 아니었다. 머릿속에 언젠가 읽었던 영국의 철학자 러셀의 말이 떠올랐다.

"인간은 행복해지려면 창조의 충동을 부추겨야 한다."

내 머리에 그제야 생존과 창조라는 두 단어가 오롯이 새겨졌다. 우리는 생존을 위해 창조를 하고, 생존을 통해 창조의 기반을 닦는다. 그와 동시에 떠오른 단어가 전사와 예술가이다. 싸우고 정복하고 지배하는 전사, 창조하고 소통하고 사랑하는 예술가.

과자 만드는 회사에 들어와서 왜 쓸데없는 고생을 하느냐며 불평하던 직원들의 태도가 달라졌다. 나도 달라졌다. 예술에 대한 막연한 기대가 확신으로 바뀌기 시작했다. 제대로 방향을 잡았다는 생각이 들었다.

인간은 잔혹한 전사와 아름다운 예술가라는 두 얼굴을 가진 야누스이다. 아이들도 마찬가지다. 피카소는 말했다. 모든 아이들은 예술가라고.

사람의 생이란 이처럼 창조와 생존, 두 개의 날개로 균형을 잡는다. 요람에서 무덤까지, 비중이 조금 달라질 뿐 우리는 늘 창조와 생존이라는 범주 속에서 살아간다.

갓 태어난 아기들은 엄마 젖을 물리면 반사적으로 빤다. '젖 먹던 힘'이 얼마나 대단한지는 손가락을 물려보면 안다. 너무 아프다. 온전히 생존에 모든 것을 걸어야 하기에 아이들은 목숨 걸고 엄마 젖을 빨아 먹는다.

그러다 몸을 뒤집고, 허리를 세우고, 일어나 걷고, 뛰어다니기 시작하면 인생에서 가장 빛나는 창조기가 시작된다. 피카소의 말처럼 사람이란 본질적으로 예술가라는 생각이 절로 들 만큼 아이들은 빛이 난다. 나도 손자 녀석을 보면서 감동받은 게 한두 번이 아니다.

그렇게 반짝이는 시절을 지나면 긴 생존 투쟁의 정글로 들어간다. 어른이 되는 것이다. 시험을 봐야 하고, 취직을 해야 하고, 돈을 빌려서 집도 사고 회사도 세워야 한다. 사는 게 서러워서 술잔 기울이며 친구를 붙들고 펑펑 울기도 한다. 남들 다 잘 버는 돈, 왜 나는 못 벌까 자괴감에 빠져 차라리 죽어버릴까 생각도 한다.

그렇게 살다 은퇴하고 나면 다시 창조의 시간이 온다. 하지만 돈과 시간이 있어도 어떻게 즐겨야 할지 모른다. 그나마 만만한 게 등산이다. 더 열심히 노력하는 사람들은 노래를 부르고 춤을 춘다. 이처럼 우리들 인간은 평생토록 창조와 생존을 위해 살아간다.

크라운해태는 이러한 깨달음을 지속적으로 경영에 적용했다. 크라운해태는 2008년에 본의 아니게 나쁜 원료를 써서 대형 사고를 낸 바 있다. 중국에서 수입한 원료에 아주 나쁜 화학물질이 들어 있었는데 그것을 모르고 사용한 것이다. 사태가 터진 직후 불량 재료를 사용한 제품은 모조리 회수해서 묻어버리고 원자재 관리 프로세스를 확 바꿨다.

남들 하는 만큼 했다. 광고를 해서 열심히 알리는 일만 남았다. 하지만 크라운해태는 그렇게 하지 않았다. 대신 전국 방방곡곡 고객과 거래처 관계자들을 모아놓고 사죄의 뜻으로 국악 공연을 했다. 소통도 예술로 만들고 싶었던 것이다.

광고는 아무리 잘 만들어봐야 기억해주는 사람이 몇 안 된다. 그마저도 한 달이나 갈까? 하지만 요즘도 사죄 공연 얘기하면 "야, 그때 정말 좋았습니다."라는 말이 나온다.

우리는 해마다 여는 초대형 국악축제인 창신제에 반드시 이들 중소형 슈퍼마켓 점주들을 초대한다. 그분들은 부모님을 모시고 찾아온다. 관례 삼아서 그냥 하는 것이 아니다. 효과가 탁월하기 때문에 하는 것이다. 과자 유통에서 큰 몫을 차지하는 것이 중소형 슈퍼마켓이다. 가을에 창신제가 열리고 나면, 일선 영업 조직으로부터 반응이 온다. 우리 제품을 더 많이 노출시켜준다. 돈은 누구나 줄 수 있을지 몰라도, 대한민국 최고 명인들의 국악 공연은 아무나 보여줄 수 없다.

제품에도 예술적인 코드를 많이 집어넣었다. 예술 하니까 근사한 작품 사진을 떠올리는 분들이 많을 것이다. 그것도 나쁘지 않다. 실제로 우리 역시 사진을 넣거나 디자인에 변화를 많이 주었다. 다만 거기에 머무르지 않고 아주 특별한 시도를 해서 큰 재미를 보았다.

혹시 '신당동 장독대를 뛰쳐나온 떡볶이 총각의 맛있는 프로포즈'라는 과자 이름을 들어보았는지 모르겠다. 웃기는 이름이다. 사실 작정하고 튀는 이름을 붙여본 것이다. 맛으로 승부 보는 게 아니라, 배꼽을 잡고 웃겨보자는 의도로 붙였다. 고추장에 매운 고추 찍어 드시던 우리 조상들의 알싸한 풍자와 해학과 골계미가 느껴지는 제품 이름이다.

아마 과자 이름 중에서 제일 길 것 같다. 원래는 그냥 '신당동 떡볶이'로 하려고 했는데 의장등록이 안 된다고 해서 요리조리 피해 갈 궁리를 하다가 유머 코드로 정면 승부를 했다. 맛도 떡볶이 흉내를 잘 내서 호응이 좋다.

일본인 관광객들도 이 제품을 참 좋아한다. 크라운해태의 스테디셀러인 '버터와플'이 가장 인기가 있고, '신당동 떡볶이'가 2등이라고 한다. 일본 관광객들은 '똑뽀키 과자'라고 부른다.

여러분이 과자 사 먹는 고객이라고 생각해보라. 몇 개 더 붙여준다고 덕지덕지 붙여놓은 쪽을 선호할까? 아니면 과자 상자로 만든 멋들어진 불새나 로봇 전시물 쪽에 눈길을 더 줄까?

물론 크라운해태 사람들 중에도 여전히 예술가적 도전은 예외적인 성공일 뿐이라고 보는 이들이 있다. 거품 경제 시절에나 통할 방법이라는 시각도 있다. 내 생각은 좀 다르다. 앞으로는 예술가적 감성을 꽉 채운 방법이 대세가 될 것이다. 큰 흐름이 그렇게 될 것이다.

우리가 쓸데없는 짓에
몰두하는 이유

현대 자본주의 문명은 기술 덕분에 엄청난 풍요를 누리고 있다. 하지만 그로 인하여 예기치 못한 '공허'에 시달리고 있다.

폐차되는 자동차 가운데 5~10년은 더 탈 수 있는 자동차들이 넘쳐난다. 최신 스마트폰이나 초고성능 컴퓨터를 구입하고도 하는 일은 별로 다르지 않다. 그러다 보니 아폴로 우주선을 우주로 날리던 컴퓨터보다 수천 배 더 강력한 스마트폰으로 '새'나 날리고 있다는 자조적인 농담이 나올 정도다(스마트폰 게임 중 최고의 히트작인 '앵그리버드'는 새를 날린다).

사람들은 뭔가 대단한 일을 할 것이라는 기대감을 갖고 물건을 구매한다. 하지만 정작 할 줄 아는 것이 없는 자신의 현실에 실망한다. 동시에 제품에 대한 열정마저 식어버린다. 기업으로서는 안타까운 일이지만, 점점 더 '기대감'을 만들어내기가 어려워지고 있다. 여하튼 기업은 수요를 창출해야 하기에 낭비를 조장할 수밖에 없다. 많이 사라, 싫증나면 버려라! 기업은 계속해서 고객들에게 이런 메시지를 주입하고 있다.

월드컵경기장이 있는 서울 상암동에는 과거에 쓰레기 산으로 불리던 난지도라는 섬이 있었다. 아마 지구상에는 난지도보다 훨씬 더 거대한 쓰레기 산들이 많을 것이다. 과연 사용할 수 없어서 쓰레기 더미로 온 물건이 얼마나 될까?

사람들은 커다란 기대감을 품고 물건을 샀다가 금세 실망해서 그것을 버린다. 지금까지 자본주의는 이런 낭비를 부추기는 전략에 기대어 발전해왔다. 이제는 그러한 전략을 수정해야 할 때가 되었다. 기술 발전으로 시장에는 '처치 곤란'이라 할 만큼 많은 물건이 쏟아진다. 고객들 또한 빠르게 현명해져서 필요 없는 물건은 가차 없이 걸러내고 있다.

상황이 이렇다 보니 기업들은 갈수록 치열한 경쟁에 노출되고, 혁신의 중요성을 강조하는 목소리가 높아진다. 하지만 안타깝게도 '어떻게, 어떤 방향으로' 혁신할 것인가에 대한 방향 제시는 없었다. 나는 예술을 통해 그러한 '방향 전환'의 영감을 얻을 수 있다고 믿는다.

인간의 역사를 보면, 인간은 에너지나 자원이 남을 때마다 예술 작품을 통해 그것을 소비했다. 수십만 년 전 알타미라 동굴의 벽화에서 보듯 생존 위협이 조금이라도 덜해지면 인간은 본능적으로 예술 작품을 창조했다. 그런데 기술이 고도로 발전한 현대 사회는 구조적으로 에너지와 자원이 남을 수밖에 없다. 생존에 대한 위협 자체가 사라진 것이다. 결국, 우리는 예술이라는 유서 깊은 '습관'에서 새로운 활로를 찾아야 한다.

생존이라는 프레임에서 보자면 사실 예술은 '쓸데없는 짓'이다. 현대 예술은 더하다. 예전의 예술은 사진을 대신한다거나 하는 실용적

77

AQ 시대가 오고 있다

매장 앞에 쌓인 눈을 치우다 만든 스노우아트들.

인 목적이 충분히 있었다. 동서양을 막론하고 고대부터 2천 년이 넘는 오랜 세월 동안 예술은 일상의 삶 속에 녹아 있었다. 그러나 오늘날의 예술은 다르다. 시나 소설, 조각, 회화, 음악 모두 생존과는 직접적인 관련이 없다.

그러나 우리는 예술을 갈망한다. 예술이란 고귀한 것, 순수한 것, 정신적인 것이며, 그러한 것을 만드는 창조자가 예술가라고 생각한다. 네일 아트, 메이크업 아티스트, 헤어 아티스트 등 요즘에는 예술이나 예술가라는 말의 폭이 예전보다 훨씬 넓어진 게 사실이다. 아마도 '고

급스럽다'는 이미지를 차용하고 싶기 때문일 것이다.

또한 예술은 보편적이기도 하다. 우리는 굉장히 높은 수준이거나 흥미로울 때 "예술이다!"라는 감탄사를 내뱉는다. 또한 도무지 이해하기 어려울 때도 "뭔가 예술적이다." 하며 고개를 갸웃거린다. 말은 멋진데 알아듣기 힘들면 '예술 같다'고 한마디 툭 내뱉는다.

예술과 경영의 접목은 물론 새로운 발상이 아니다. 광고, 건축, 디자인, 사회공헌 등에서 기업은 늘 예술을 활용했다. 하지만 지금 시대 가장 중요한 것은 예술이 사람들에게 '창조의 관념'을 가르친다는 사실이다.

예술적인 광고는 값지고 품위 있는 물건을 소비하라는 메시지를 전달한다. 아름답고 웅장한 건축물은 방문객들에게 마치 위대한 신의 성전이나 환상적인 신세계를 방문하는 것 같은 느낌을 준다. 디자인은 평범한 물건을 대단한 가치가 있는 소장품으로 변화시킨다.

예술은 바로 이렇게 활용하는 것이다.

그러나 지금 시대는 예술에 대한 근본적인 사고의 전환을 요구한다. 예술의 본질인 창조, 다시 말해 기업의 상품과 서비스를 활용하여 전혀 새로운 무언가를 고객 스스로가 만들어내는 체험이 지상 과제로 부각되고 있다.

낯선 관념이다. 크라운해태의 기업 활동에 대해서도 비효율적이다, 이상한 짓을 한다는 비판의 목소리를 적잖이 듣게 된다. AQ 경영에 돈과 인력을 낭비하지 말고 이익을 더 높이라는 충고도 나온다. 하지만 나는 크라운해태의 이러한 '낭비'가 곧 '상식'이 될 것이라고 예상한다.

오늘날의 '상식적인' 비즈니스 프로세스도 계속적인 변화와 혁신을 통해 생겨난 것이다. 기업이 처음 생겨났을 때는 '해적'과 별로 다르지 않았다. 술을 먹고 공장에 들어간다거나 정시에 출근해야 한다는 관념이 없던 시절도 있었다. 불과 200년 전의 이야기다.

나는 조금만 지나면 크라운해태의 방식이 이상하기는커녕 특별하다는 소리조차 못 들을 날이 올 것이라고 믿는다. 영업자가 조각가에게 인체 비율에 대한 수업을 듣고, 인사과 직원이 시를 쓰며 하루 일과를 시작하는 것이 당연한 일이 될 것이라고 본다.

한동안 대단히 추앙을 받다가 이제는 한물간 퇴물 취급을 받기도 하는 애플은 예술과 비즈니스의 관계를 보여주는 흥미로운 사례다. 1988년, 애플의 이사인 가이 가와사키는 이렇게 투덜댔다.

"매킨토시가 사용하기 쉽다는 이유 하나만으로 사람들은 성능이 떨어진다고 생각한다."

애플이 막대한 이익을 올릴 수 있는 원동력 가운데 하나가 '디자인'이다. 왜 그런가? 사람들이 아름다운 테크놀로지를 원하게 되었기 때문이다.

포드를 이긴 GM도 비슷했다. 포드는 세계 자본주의의 역사를 뒤바꾼 엄청난 회사다. 한때는 도로 위에서 포드 차 말고 다른 차를 찾아보기 힘들 정도로 세계를 주름잡기도 했다. 그 판도를 뒤집은 것이 GM이었다. GM의 힘은 아름다움이었다. 히터, 에어컨, 자동 변속기 등등 GM이 도입한 것은 모두 '아름다움'에 민감한 여성 고객을 염두에 두고 개발된 것들이었다. 당시 이러한 편의사양을 기획하고 개발하는 부서는 동료들에게 '미용실'이라는 조롱을 받기도 했다고 한다.

아름다움을 두고 여성적 가치라고 말하는 것은 끔찍한 성적 편견이다. 나는 애플이나 GM의 승리가 기술의 시대, 기업의 시대가 초래한 인류 역사의 변곡점을 잘 활용했기 때문이라고 본다.

의사이자 유명한 저술가인 셔윈 널랜드는 이런 말을 했다.

"인간이 이룩한 전체의 건축물은 인간의 기본적인 본능에 그 토대를 두고 만들어졌다. 그러나 생존과 DNA의 전수라는 단순한 욕구는 문화, 아름다움, 그리고 정신이라는 풍성한 옷을 입었다."

포드는 이런 말을 했다.

"인간은 두 가지 이유로 노동을 한다. 하나는 임금이고 하나는 실업에 대한 두려움이다."

탁월한 식견이지만 일면적이다. 그는 인간이 생존에 급급한 상태에서 벗어나 양적 풍요의 시대로 나아가도록 인도한 위대한 기업가이다. 하지만 그 역시 '생존 본능'이라는 것에만 주목하고 있다. AQ의 가능성에 주목한 것은 다른 이들이었다.

존 나이스비트와 대니얼 골먼, 피터 드러커, 존 마에다 총장은 기술 발전에 따른 예술가 시대의 도래를 감지한 선구자였다. 나이스비트의 선구적인 걸작 《하이테크, 하이터치》는 기술이 어떻게 시대를 바꾸었으며 어떻게 대응하여야 하는지를 말해주었다. 고도의 기술사회일수록 고도의 감성이 요구된다고 했다. 대니얼 골먼의 《감성 지능》, 《감성 리더십》은 고도 기술사회를 앞서 갈 인간형과 리더는 '감성 지능'을 갖추고 있음을 입증하였다.

'하이터치'란 미국의 미래학자 존 나이스비트가 처음으로 제시한 개념이다. 그는 현대 사회가 고도의 하이테크만을 추구하다가 기술 중독에 빠져버렸다고 지적한다. 기술 중독이라니, 정말 기발하고 통렬한 지적이다.

더 작고, 더 싸고, 더 튼튼하고, 더 빠른 것이 최고라는 생각에서 헤어나지 못한 채, 오직 그것만이 진보, 혁신, 발전이라고 믿는 것이 기술 중독이다. 나이스비트는 이런 중독 증세를 치유할 하이터치라는 처방전에 대해 이렇게 설명한다.

"처음 보는 세 살 먹은 여자아이가 우연히 당신에게 얼굴을 돌리며 짓는 귀엽고 해맑은 환한 미소."

대니얼 골먼의《감성 지능》은 1995년에 출간됐다. 나온 지 거의 20년이 되어 가지만 아직도 영향력이 크다. 미국의 학교들은 '사회 감정 학습' 프로그램을 만들어 감정을 이해하고 다스리는 훈련을 시키고 있고, 싱가포르는 아예 국가 차원에서 감성 교육을 실시하고 있을 정도다.

골먼 박사가 EQ를 논하기 전만 해도 시대의 대세는 IQ였다. 논리와 계산을 중시하는, 효율과 속도와 최적화만을 최고로 치는 좌뇌 중심 사고의 전성시대였다. 한마디로 하이테크의 성능 측정과 흡사한 IQ 측정이 인간의 능력을 판별하는 유일무이한 수단이었다.

EQ는 나이스비트가 말한 하이터치를 더욱 구체적이고 잘 정립된 개념으로 만들어낸 셈이다. 측정 가능한 잣대가 있어야 개발도 하고 평가도 할 수 있으니, 감성이라는 신세계를 낱낱이 들여다볼 수 있는 망원경을 얻은 셈이다.

EQ는 기존의 교육 방법을 바꾸었고, 부드러운 리더십과 코칭의 이론적 토대를 제공했다. 〈월스트리트 저널〉은 2008년 대니얼 골먼을 세계에서 가장 영향력 있는 경영사상가 20명 중 8위로 꼽았고, 〈포브스〉와 〈타임〉에 발표되는 '세계의 사상가 50인(Thinkers 50)'에도 포함됐다.

그렇다면 감성 지능의 실천 전략은 무엇인가?

이 물음에 답한 이는 존 마에다 총장이다. 그는 '예술'이야말로 기술에 대비되는 강렬한 실천 전략이며 미래를 주도할 코드임을 확신했다. 인간의 감성은 예술을 통해 구체화된다. 기술마저도 최고의 경지에 도달하면 예술적 감흥을 불러일으킨다.

아쉽게도 존 마에다 총장은 오직 '단순함'이라는 예술의 한 측면에만 주목했다. 그가 디자이너 출신이라서 그런지 단순함에 많이 매료된 듯하다. 예술과 예술 행위에 숨겨진 인간의 창조 감성은 그보다 훨씬 복합적이라고 나는 생각한다.

더 자세한 얘기는 뒤에서 하겠지만, 내가 생각하는 예술은 아름다움, 영적 가치, 유희, 몰입, 소통에 대한 인간의 본능적 갈망을 자극하고 충족시키는 행위이다. 단순함이라는 코드는 아름다움에 대한 갈증을 충족시켜준다.

이런 얘기를 하면 '배부른 소리', '비현실적인 몽상'이라는 비판이 나온다. 하지만 시대는 변했다. 지금 우리는 굶주림이 아니라 '비만'

을 걱정하는 시대에 살고 있다.

과거의 유산을 효율적으로 사용하면서 새로운 거대 흐름에 잘 올라탄 AQ 기업이 승자로 부상하게 될 것이다.

가격 경쟁의 조류는 낡은 경제를 남김없이 파괴하고 있다. 휩쓸려 갈 것인가, 현명하게 올라탈 것인가? AQ 경제의 징후는 세계 곳곳에서 나타나고 있다. 하지만 가장 결정적인 증거는 바로 당신 안의 열망에 있다. 바로 '창조'라는 본능이다.

예술은 모든 생명체의 본능이다

본능의 힘은 대단하다. 행동경제학이나 심리학은 본능이 경제 현상과 경영에 끼치는 영향이 매우 크다는 점을 보여준다. 자본주의가 공산주의에 승리를 거둔 것은 인간의 본능을 억누르려 하지 않고 그것을 만족시키기 위해 최대한 노력했기 때문이다. 억지스런 평등이 아니라 이기심, 소유욕 따위를 최대한 수용하고 그것을 통해 문명의 발전과 물질적 풍요를 촉진했기에 참혹한 군사적 충돌 없이 냉전은 종식된 것이다.

그런데 우리는 본능을 너무 일면적으로 바라보고 있다. 본능 하면 주로 성적인 것이나 물질에 대한 탐욕, 잔혹한 행동 등을 떠올린다. 자연히 자본주의 시장 경제에 대해서도 비슷한 이미지가 덧씌워진다. 본능을 그렇게 편협하게만 봐야 할까? 진실은 항상 다면적이다.

《털 없는 원숭이》라는 책으로 우리나라에도 널리 알려진 동물학자 데스몬드 모리스는 콩고라는 이름의 침팬지를 키웠다. 이 녀석은 먹이를 먹는 것보다 그림 그리는 것을 더 좋아했다고 한다. 심지어 붓을 뺏으면 난폭하게 화를 낼 정도였다.

나는 이 사례를 보면서 인간, 아니 모든 고도한 지능을 가진 생명에겐 창조에 대한 본능적 갈망이 있다는 생각을 하게 되었다.

"이러한 행동은 보통 생존 문제가 통제되어 있어서 배출이 필요한 잉여의 신경 에너지를 가진 동물에게서만 발생한다. 이러한 행동은 보통 모든 욕구를 부모가 돌봐주는 어린 동물이나, 소유주인 인간이 욕구를 돌봐주는 생포된 동물 또는 가축에게서만 발생한다. 놀이, 호기심, 자기표현, 탐구 등으로 지칭되는 행위는 자기 보상 행위의 범주에 해당한다." –《창조의 역동성》

첨단 정보통신 기술은 이러한 본능을 분출시키는 원동력이 되고 있다. 유튜브는 창조 본능의 분출을 확인할 수 있는 영상의 경연장이다. '강남 스타일'의 세계적인 히트도 유튜브를 활용한 덕분이다.

흔히 구글 하면 안드로이드나 검색엔진을 먼저 떠올린다. 나는 구글의 진짜 힘은 유튜브에서 나오는 것이 아닐까 생각한다. 애플의 아이튠스는 유료 영상물의 유통 창구다. 거대한 영화사나 TV방송사의 독점적인 영상 유통 채널을 디지털 기술로 온라인에 이식한 것이다. 하지만 유튜브는 다르다. 고객은 스스로 만든 영상을 한데 모아서 자유롭게 즐길 수 있다.

아마도 침팬지 콩고가 유튜브를 알았다면 강남 스타일 댄스를 추면서 자기 동영상을 검색하는 취미에 빠졌을지도 모른다.

크라운해태 또한 유튜브를 활용하여 거대한 축구공 모양의 지오데식 돔이라는 건축물을 만들어내기도 했다. 거기에 나온 파이프 예술에서 힌트를 얻은 다음, 적극적인 개량 과정을 거쳐서 창의적인 '간이 건축물'을 만들어낸 것이다.

이것이 예술일까? 너무 쉽게 타협하는 것이 아닐까?

우리는 보통 예술을 매우 특별하면서도 '특권적인' 단어로 받아들인다. "예술이다~!"라는 감탄사를 쉽게 쓰면서도 매우 조심스럽다.

하지만 모든 것은 '예술화'가 가능하다. 고도로 짜임새 있으면서도 보편적인 원칙을 구현하고, 강한 초월성을 발휘하며, 구현자가 완전히 몰입하면서도 감상자와 깊고 전면적인 유대를 가지며, 유쾌하고 흥미로운 지식을 체험할 때 어떤 것이든 '예술'로 인식될 수 있다.

예술은 프로페셔널 예술가의 전유물이 아니다. 모든 예술은 일상 행동이 세련화되고, 극단화되고, 체계화된 것이다. 누구나 예술을 하고 싶어 하고 모든 것이 예술이 될 수 있다. 하지만 사람들은 기회와 돈과 기술의 부족으로 인해 자신의 창조 갈망을 억누르고 살아간다. 기껏해야 감탄만 하면서.

탁월한 기업은 창조를 위한 조건과 기술, 계기를 고객에게 제공할 줄 안다. 그들에게 예술은 광고가 아니라 수익의 프로세스다.

여기서 의문이 들 수밖에 없다. 도대체 창조 본능이 무엇일까? 식욕이나 성욕, 수면욕 등은 매우 직접적이다. 사람은 밥을 안 먹고 일주일은 버틴다고 한다. 물을 못 마시면 사흘을 넘기기 힘들다고 한다. 숨을 못 쉬면 5분 안에 거의 사망한다고 한다. 밥이나 물이나 공기는 따로 설명할 필요가 없을 만큼 직접적이다. 몸으로 확 느껴지기 때문이다.

그런데 창조 본능이라는 것은 쉽게 설명하기가 힘들다. 나는 배가 고프면 밥을 먹어야 하는 것처럼 인간의 창조 본능도 지속적으로 자극하고 꾸준히 충족시켜 주어야만 정상적인 생활을 영위할 수 있다고 믿는다.

내가 직접 해보고 싶다! 내 머리와 손으로, 온몸으로 없던 것을 만들어보고 싶다! 더 이상 구경꾼에 머물지 않겠다! 이러한 마음이 바로 창조 본능이다.

싸이가 출연한 강남 스타일 뮤직비디오에 영감을 받은 시청자들이 직접 만든 패러디 영상물이 강남 스타일의 열풍을 주도했다. 고도의 기술도 필요 없다. 파격적이지만, 따라할 만하다. 바로 이것이 강남 스타일의 성공 비밀이다. 아름다운 것을, 성스러운 것을, 흥미로운 것을, 내 존재마저 잊어버릴 만큼 푹 빠져들어 만든다. 그것을 세상 모든 이들과 소통하고 싶은 욕망. 나는 그것이 창조 본능이라고 생각한다.

나는 기계를 만지고 설계하고 뭔가 만들어보는 습관이 있다. 작건 크건 용도가 무엇이건 실용품이건 장난감이건 기계라면 다 좋다. 만지면 행복하고 웃음이 절로 나온다.

우리의 체험 프로그램 중에 낡은 병을 뜨거운 불에 녹여서 멋진 예술 작품으로 만드는 병 아트 프로그램이 있다. 나는 거기에 쓰는 장비를 설계하고 개량했다. 직접 써보니까 고쳐야 할 곳이 많이 보였다. 개선 지점을 찾아내는 과정이 얼마나 행복하고 신이 나던지.

나무를 깎아서 예술품을 만드는 장비도 설계를 하고 개량했다. 크라운해태 어린이 미술관에서 웨하스 과자로 꼴라주 작품을 만드는 장비도 그렇게 개발을 했다.

기계 만들기는 내가 즐기는 창조 감성 충족 행위이다. 난 골프를 치지 않는다. 담배도 끊었다. 일상에서 내 두뇌를 깨우고 온몸의 신경에 건강한 긴장감을 불어넣어주고 가슴을 설레게 하는 것은 그런 '창조 행위'이다. 미술품을 본다거나 조각을 하는 것도 나에게 삶의 에너지를 준다.

나는 예외적인 인간일까? 그렇지 않다. 사람은 누구나 창조 본능을 충족시키기 위한 자기만의 습관을 갖고 있다.

내가 아는 건축회사 사장은 노래방 마니아이다. 나는 음치라서 노래방 가는 것이 무척 괴롭지만 그분은 마이크를 잡기만 하면 무대가 마련된다. 우리 회사 직원 중에는 기막히게 방을 잘 꾸미는 아마추어 인테리어 전문가도 있다. 방을 꾸미면 그렇게 기분이 좋을 수가 없다고 한다.

등산이나 골프도 창조 감성을 충족시키는 습관이라고 본다. 도박은 창조를 꿈꾸는 에너지가 잘못 분출된 것이라고 생각한다.

나는 인간이 창조 행위에 중독되어 있는 게 아닐까 하고 짐작해본다. 우리 본사 건물에 있는 아트 갤러리의 이름이 '쿠오리아'인데, 뇌 과학에서 말하는 감각과 감성의 질을 뜻하는 용어이다. 나는 이 갤러리의 이름을 지으면서 뇌 과학을 조금 공부한 적이 있다.

도파민 호르몬이 내 관심을 끌었다. 뭔가를 해냈을 때 쾌감을 느끼는데, 거기에 관여하는 호르몬이 도파민이다.

달리기를 하는 사람들이 느낀다는 러너스 하이도 일종의 중독이라고 한다. 골프나 등산도 비슷한 중독성을 갖고 있다. 다만 도박과 달

AQ 시대가 오고 있다

리 건강하고 생산적인 중독이다.

인터넷과 모바일이 보편화된 요즘에는 사이버 공간을 활용하여 창조 감성을 충족시키는 네티즌이 폭증하였다. 아이폰이나 갤럭시 같은 스마트폰의 잠재력에 감탄을 금할 수 없다. 그것으로 영상을 만들고 편집해서 올린 작품을 보면 영화감독이 부럽지 않다.

요즘 시대는 인간의 창조 감성을 만족시키고 자극하기가 무척 쉬워졌다. 인터넷을 잠깐만 뒤져도 재미있는 사진이나 동영상, 음악을 만들 수 있는 무료 프로그램을 구할 수 있다. 대형 오피스 마트나 백화점, 할인마트에 가면 갖가지 취미 용품이 저렴한 가격에 다양하게 구비되어 있다.

댄스 동호회나 노래 동호회를 찾는 것은 일도 아니다. 다들 먹고 살기 힘들다, 돈 때문에 답답하다 하면서도 이렇게 시간과 체력을 쪼개서 자기 내부의 창조 에너지를 분출시키고 있다.

창조 에너지의 강력한 힘을 순수하게 느껴보고 싶다면 아이들을 보아야 한다. 나는 우리 회사가 기획한 피카소 체험 프로그램에 참가한 아이들을 보며 위대한 창조 본능을 맛보곤 한다. 체험 프로그램을 진행하는 선생님들도 깜짝 놀랄 만큼 아이들의 발상은 자유롭고 거침이 없다. 위대한 예술가의 작품도 아이들에겐 흥미로운 재료가 되어버린다.

앞으로 날이 가면 갈수록 더 많은 사람들이 자신의 창조 본능을 더 쉽고, 더 많이, 더 대담하게 발휘할 수 있게 될 것이다. 기업은 이런 흐름을 왜 방치하고 있는지 알다가도 모를 일이다.

아니 오히려 그런 창조 본능과 에너지를 악용하는 사례가 더 많다. 사람들에겐 충족되어야 하는 창조 욕망이 있다. 발산시켜야만 하는 창조 에너지가 있다. 그게 건강하게 충족되고 발산되지 못하면 엉뚱한 부작용이 일어난다.

게임 중독은 바로 그런 부작용의 대표적인 예이다. 쇼핑 중독을 유도하는 것도 그런 나쁜 사례라고 볼 수 있다. 인간에겐 외부 상황에서 완전히 스스로를 단절하고 뭔가에 빠져들고 싶어 하는 성향이 있는데, 그런 몰입 과정을 통해 굉장한 창조적 성과와 쾌감을 얻게 된다. 하지만 게임이나 쇼핑 중독은 능동적인 창조 에너지를 수동적이고 폐쇄적으로 변질시켜 사람을 피폐하게 만든다.

지금은 기술 폭발의 시대, 기술을 통해 모든 생존의 이슈가 기본적으로 해소될 수 있는 시대, 노동의 종말을 걱정해야 하는 시대, 일할수 있는 사람과 일할 수 없는 사람의 양극화(청년 실업, 세대 갈등) 시대이다. 인간을 해방시킬 수 있는 기술로 인해 오히려 인간이 자신의 '잉여 에너지'를 부정적인 방향으로 폭발시킬 수 있는 것이다.

예술은 기술에 자리를 내주었다. 이제 기술이 예술에 다시금 자리를 내어줄 시대가 돌아오고 있다. 예술은 생물학적 생존과는 차원을 달리하는 새로운 수준의 생존을 위해 꼭 있어야만 하는 새로운 필수조건이 될 것이다.

기술 문명이 만개하기 전 오랜 동안, 인간의 예술적 본능은 소수의 예술가나 장인, 부유한 상인이나 권력자들을 통해서만 드러났다. 대다수 사람들은 매우 소박한 유희나 서민 문화를 통해서만 예술적 갈망을 충족시킬 수 있었다. 인류의 대다수는 전쟁과 기아와 질병과 싸우기에 급급했기 때문이다.

하지만 우리 인간은 기술로 구원을 받았다. 기술이 만든 풍요는 인간의 예술적 갈증을 깨우고 있다.

인간은 '인조인간', '행성 개조'까지 꿈꿀 정도로 급격하게 기술을 발전시켰다. 불과 300년 남짓한 시간에 말이다. 지구 전체의 역사로 보자면 이것은 가히 '개벽'이라 불러도 좋을 급진적인 변화다.

하지만 인간은 여전히 낡은 신석기 시대의 소프트웨어를 사용하고 있다. 물질문명의 급진적인 변화는 새로운 정신적 변화를 요구하고 있다. 세계의 창세 설화를 보면 인간은 창조주의 형상에 따라 만들어졌다는 이야기가 나온다. 우리는 이제 생존 본능이 아닌 창조 본능을 위해 삶과 일의 방식을 바꿔야 하지 않을까? 단순한 노동을 넘어 창조적 예술가의 삶으로 나아가야 하지 않을까?

AQ, 새로운 경쟁의 룰

기업은 새로운 경쟁을 벌여야 한다. 거대한 지향점의 변화, 철학과 전략의 변화에 주목해야 한다.

나는 구체적으로 예술을 통해 충족되는 다섯 개의 창조 감성을 두고 경쟁을 벌이는 것이라고 생각한다. 고객의 몸과 마음속에 도사린 이 다섯 가지 창조 감성을 누가 더 잘 만족시킬 수 있는가? 단순히 돈만 받고 물건과 서비스를 건네는 게 아니라, 고객과 감동적인 '체험'을 함께할 수 있는가? 이것이 새로운 경쟁의 법칙이다. 싸고, 빠르고, 많고, 강한 것을 둘러싼 경쟁은 2순위로 밀려난다. 창조 감성을 둘러싼 경쟁이 기업의 운명을 결정하게 된다.

앞으로 고객을 대상화, 객체화, 수단화하는 비즈니스는 완전히 주도권을 상실하게 된다. 창조 감성을 만족시키는 AQ 경쟁의 시대에는 고객이 '창조의 주체'로 전면 등장할 수밖에 없다. 창조 감성은 남이 만든 것을 즐기고 소비하는 것으로는 만족되지 않는다. 자신의 몸으로 창조적 체험을 누릴 때라야 비로소 충족되는 것이다.

비즈니스 세계에서는 대가를 지불하기 때문에 '고객이 우리의 주인'이라는 말이 통용된다. 현실적으로 고객은 자신이 지불한 대가만큼만 소유할 수 있다. 냉정하게 말하면 그렇다. 기업이 아무리 고객이 주인이라고 치켜세운다 해도 고개를 끄덕이는 고객은 없다.

중요한 것은 창조적 체험이다. 구매나 서비스뿐만 아니라 제품과 서비스가 창조되고 활용(소비가 아니다!)되는 과정 전체에 고객이 대등한 주체로 참여해야 한다. 이는 레고나 P&G의 사례를 통해 훌륭하게 구현되었다.

(1) 미학 – 세상을 아름답게 정리하려는 욕구

예술의 기본은 아름다움이다. 인간은 정갈한 것, 우아한 것, 감성을 고양시키거나 부드럽게 가라앉혀주는 것 등에서 아름다움을 느낀다. 그리스의 파르테논 신전, 석굴암 본존불은 아름다움의 표준으로 여겨진다. 애플은 빠르고 번잡한 시대에 우아하고 인간 친화적인 인터페이스로, 편리하게 음악과 영화와 게임을 구할 수 있는 아이튠스로 단순함의 미학을 보여준다.

버트런드 러셀은 자서전을 통해 다음과 같이 쓰고 있다.

"열한 살의 나이에 나는 내 형을 선생으로 삼아 유클리드(그리스의 기하학자)를 읽기 시작했다. 그것은 마치 환상적이던 첫사랑처럼 내 삶을 만들어낸 중요한 사건 중 하나였다. 나는 세상 안에 그렇게 달콤한 것이 존재하고 있을 줄 이전에는 결코 상상하지 못했다."

예측 불가능하고 제멋대로일 거라고 생각했던 세상에 이토록 단순하고 아름답기조차 한 질서가 존재한다, 그것을 자신이 알아냈거나 심지어 만들어냈다고 한다면 그 쾌감은 과연 어느 정도일까? 지저분한 방을 깨끗이 정리해보라. 간접적으로나마 그것을 느껴볼 수 있을 것이다.

인간은 복잡하고 이해할 수 없고 심신의 에너지를 낭비하는 것을 극도로 싫어한다. 단순한 것은 그래서 우리에게 아름답고 감동적으로 느껴진다. 단순히 시각적인 아름다움을 넘어 행동, 제품의 사용에 이르기까지 단순하면서도 우아하게 느껴져야 한다. 그를 통해 궁극적으로 고객이 아름다운 무엇을 만들어낼 수 있어야 한다.

(2) 초월 – 낡고 평범한 현실을 넘어서려는 몸부림

예술은 항상 초월을 꿈꾼다. 세속을 초월하는 성스러움, 현실의 질곡을 깨려는 혁명, 새로운 사조를 만들기 위한 창조의 몸부림은 예술의 영원한 테마였다. 고딕 성당과 바흐의 클래식은 타락한 인간 세계를 굽어보는 신성의 표본이었고 톨스토이의 소설은 낡은 세상을 파괴하는 혁명의 서곡이 되었다.

예술가들은 매일 죽을 듯이 감정을 소비해가며 습작을 해도 평생에 작품을 하나 만들까 말까 하다고 고통을 호소한다. 그들은 보통 사람들보다 더 고도화된 욕망 때문에 매일의 삶이 지옥이다. 그들은 자신을 억누르는 '낡은 개념, 억압적 상징'에서 벗어나기 위해 매일 발버둥 친다.

전업 예술가들만 그러한 게 아니다. 모든 인간은 세속과 현실을 초월한 숭고함을 열망한다. 자신이 살아가는 현실이 '비루하다'고 느끼기 때문이다.

종교의 위세가 현저히 사그라진 지금에도 거대한 성당이나 교회가 여전히 지어지는 까닭은 무엇일까? 스포츠 스타나 연예인, 혹은 기업가를 마치 구원자인 양 숭배하는 까닭은 무엇일까? 샤넬이나 에르메스 같은 럭셔리 브랜드가 뉴욕이나 도쿄, 홍콩에 막대한 돈을 쏟아부어 화려한 전용 스토어를 짓는 이유는 무엇일까?

고객들의 초월, 영성, 무언가 성스러운 것에 대한 내적 갈망 때문이다.

(3) 유희 - 때 묻고 꽉 짜인 세상과 인생을 즐겁게 해주는 유머

예술의 생물학적 뿌리는 유희 본능이다. 곰이나 돌고래 같은 동물은 깜짝 놀랄 만한 수준으로 놀이를 즐긴다. 유희는 인간만의 독점적 산물이 아니다. 아이들은 유희를 통해 예술가적 기질을 부모들에게 과시한다. 그러나 유희는 IQ 사회에서 엄청난 탄압과 천대를 받았다. 유희는 비생산적이고 소모적이며 심지어 반사회적이라는 낙인까지 찍히기도 했다.

예술가들은 유희를 즐긴다. 유희는 여유와 자유를 준다. 유희는 두려움을 없애준다. 유희는 세상을 전혀 다르게 바라보도록 만든다. 백남준과 채플린의 유희를 통해 우리는 유희의 위대한 힘을 느낄 수 있다. 아인슈타인과 같은 과학자들도 유희를 즐겼다. 구글과 픽사는 유희적 기업 문화를 통해 세상을 즐겁게 만들고 있고 최고의 성과를 거두고 있다. 버진 그룹의 리처드 브랜슨은 유희를 비즈니스로 바꾼 AQ 리더이다.

유희는 고달픈 우리의 삶을 가볍게 객관화시켜준다. 동시에 호기심 어린 시선으로 탐구하게 해준다. 질식할 것처럼 단순하고 심각한 질서는 유머를 통해 치유될 수 있다.

(4) 몰입 – 과업과 자신의 혼연일치

예술가의 작업 방식을 단 두 글자로 이야기하자면, 몰입이다. 인간은 누구나 황홀한 몰입을 통해 창조주가 된 듯한 기쁨을 맛보고 싶어한다. 다른 목적이 아니라 오직 과업 그 자체에 빠져 모든 것을 잊고 몸과 마음의 에너지를 완전히 집중하고 싶다는 욕망이 있다. 도자기를 굽고, 명상을 하고, 춤을 추는 것은 오직 '몰입'에 대한 갈증 때문이다.

기독교에서 흔히 볼 수 있는, 관광 수준을 넘어선 성지 순례나 순례자의 길 걷기 체험은 영성에 대한 갈망과 몰입에 대한 갈망을 동시에 충족시키는 사례다. 불교의 선과 명상 체험도 마찬가지다.

(5) 소통 – 다른 것끼리의 교류

예술은 궁극적으로 차원 높은 소통을 꿈꾼다. 고대 그리스의 바쿠스 축제나 우리의 사물놀이, 이슬람 신비주의의 수피 댄스 같은 것은 참여하는 이들을 완벽한 하나로 만들곤 했다.

스토리 또한 인간의 소통 본능의 표현이다. 레고는 제품의 기획과 설계에 고객 아이디어를 과감히 수용하고 있다. 폭스바겐과 같은 선도적인 자동차 업체는 체험 테마 단지를 만들어 고객과 차원 높은 소통을 실현한다.

예술가들은 예술을 잘 이해하는 관객을 만날 때 한없는 기쁨을 느낀다. 예술은 본질적으로 소통을 지향한다. 고독한 몰입과 창조의 고통스런 증류 과정을 거쳐 나온 작품이 이해되고 인정받기를, 자신이 느꼈던 감정의 폭풍을 타인도 느껴보기를 갈망한다.

소통의 예술은 차가운 의료 현장을 바꾸기도 한다. 영화로도 널리 알려진 닥터 패치 애덤스는 코믹한 '연기'로 환자의 몸과 마음을 치유해서 유명해졌다. 그는 환자의 몸을 기계나 요리 재료처럼 취급하는 것이 아니라 환자와 혼연일체가 되어 소통하며 치료 과정을 하나의 예술로 승화시켰다.

그의 이러한 노력은 미국 의학계를 바꿔놓았다. 예일 대학, 콜롬비아 대학, UCLA 의대 등 유수한 의대가 '이야기 치료'나 공감 능력 배양을 학생들에게 가르치고, 더 직접적으로 예술작품 감상력을 기르기 위한 훈련을 시키기도 한다.

모든 기업이 고객과의 소통을 열망하지만 쉽지 않다. AQ 전략이 어렵고 두려운 것은 '자기만족'의 함정에 빠지기 쉽기 때문이다. 고객 속에 감춰진 '창조' 욕망을 발견하고 구체적인 프로그램으로 만들 수 있는가? 고객과 함께 창조하는 기술적 역량과 시스템을 만들어 가다듬고 있는가?

김위찬 교수는 블루오션 전략에서 창조의 방법론으로 ERRC를 제시했다. ERRC는 Eliminate, Reduce, Raise, Create의 이니셜을 따서 만든 조어이다. 즉 기존에 하고 있는 것 중에서 더 이상 하지 말고 제거해야 될 것(Eliminate), 기존에 하고 있는 일 중에서 줄여서 해야 될 것(Reduce), 기존에 하고 있지만 그 횟수나 양을 늘려서 더 많이 해야 될 것(Raise), 이제까지는 하지 않고 있지만 새롭게 시작해야 될 것(Create)을 의미한다.

나는 이것을 보면서 의문이 생겼다. 명확한 기준이 없지 않은가? 사실 레드오션에 있는 이들도 제거하고, 줄이고, 늘리고, 새로운 것을 하고 있다. ERRC를 안 해서가 아니라 너무 많이 해서 문제라고 할 만큼.

나는 예술에서 ERRC의 기준을 발견할 수 있다고 생각한다. 고객은 더 빠르거나 강력한 것에 흥분하지 않는다. 싸고 많은 물건을 보면 오히려 고개를 가로젓는다. 미적 감성, 가슴 설레는 꿈과 영적 감수성, 즐겁고 유쾌한 궁금증, 자꾸만 빠져드는 황홀함과 매력, 뭔가 통하는 기분이 들지 않는 상품은 버림받는다. 가격 경쟁 말고는 할 게 없다. 한마디로 레드오션의 바다는 기술을 예술로 승화시키지 못한 전사들의 싸움판이다.

기술을 천시해도 된다는 말이 아니다. 기술은 가장 중요한 수단이다. 밥을 제대로 먹지 않고 예술을 할 수는 없다. 다만 기술은 예술의 인도를 받고, 예술은 기술로부터 새로운 창조의 계기를 발견해야 한다는 말이다.

우리 시대에 부족한 것은 기술이 아니다. 예술을 통해 충족되고 표현되는 진정한 창조 감성이 부족한 것이다. 깊은 우물에서 갓 길어 올린 시원하고 맛있는 물을 마셔야 하는데, 이래저래 바닷물만 계속들이켜고 있는지도 모른다. 우리 시대의 경영자들은 진정한 변화를 위한 용기의 시험대에 올라서야 한다.

수동적인 소비에서
능동적인 창조로

나는 우리 시대의 기업들이 새로운 고객을 창출하기 위해 모든 노력을 기울여야 한다고 생각한다. 그래서 필요한 것이 '체험'이다. 기업은 광고나 메세나를 통해 지속적으로 예술을 차용하고 후원해왔다. 그러나 노래를 부르는 것과 듣는 것은 다르다. 노래방과 프로 무대는 전혀 다르다. 고객의 창조 감성에 대한 '기대치'는 높아졌고, 더 높아져야 한다.

핵심은 몸이다. 자신의 몸으로 직접 예술 행위를 하면서 창조의 기쁨을 실감하고 희열에 빠져야만 그것에 맛을 들인다. 창조의 맛을 느낀 이들이 많아지면 사회와 시장은 변한다.

요즘 우리 주변에는 기업과 상품의 팬을 자처하는 이들이 늘어나고 있다. 마치 연예인이나 운동선수를 좋아하듯이 기업과 상품에 열광하는 것이다. 평범한 사람들에겐 그들이 이상하게 보일 것이다. 그런데 시각을 바꿔볼 필요가 있다.

열성적인 팬을 자처하는 고객들은 '창조'와 '체험'에 대한 갈망을 기업의 팬이 되는 것으로 해소하는지도 모른다. 제품이나 기업의 팬이 된다는 것이 우리에겐 아직 낯설고 어쩐지 계면쩍어 보이기 쉽다.

하지만 미국이나 일본, 유럽의 선진적인 기업들은 적극적으로 '팬클럽'을 활용한다.

가장 대표적인 것이 할리데이비슨과 애플이다. 내 개인적인 생각으론 할리데이비슨의 '팬' 층이 훨씬 강력하고 행동력도 뛰어난 것 같다. 그들의 활동력, 소비 역량은 적어도 미국 오토바이 시장에서 강력한 경제적 변수가 되고 있다고 생각한다. 팬클럽 이코노미라고나할까.

팬클럽 이코노미는 일종의 대리 만족 전략이자 간접적인 소유 의식이기도 하다. 애플과 할리를 비교해보자. 할리의 고객은 더 직접적으로 기업 활동에 개입하여 기업의 바운더리를 완전히 넓혀놓고 있다. 할리데이비슨의 경영진은 자사 제품의 열혈 팬으로서 팬클럽에 참여한다. 애플은 보다 엄격하게 구별하고 있다.

고객은 그러나 팬의 수준에 머물지 않을 것이다. 기술이 발전할수록 고객의 예술가적 욕망은 더 커지고, 결국 비즈니스는 기업이 기획하고 주도하는 일종의 예술 퍼포먼스가 되지 않을까 한다. 마치 사물놀이처럼 구경하던 이들도 쉽게 동참하고 감동할 수 있는 전략과 인프라와 시스템을 창조하는 기업이 시장의 대세가 될 것이다.

고객은 단순한 구매자를 넘어, 소비자는 왕이라는 봉건적이고 낡은 관념을 넘어 예술적 감수성이 탁월하고 혼이 담긴 상품에 더 높은 점수를 주고 지갑을 열 것이다. 고객은 비즈니스 프로세스에 과감히 의견을 제시하고 응원하고 견제하는 존재가 될 것이다. 시키는 일을 하고 받은 월급으로 소비라는 미덕을 실천하는 그런 인간과는 전혀 다른, 능동적으로 제품도 바꾸고 마케팅이나 광고도 만드는 그런 사람들 말이다.

나는 얼마 전에 그런 사람들을 만났다. 우리 회사에서 출시한 제품 중에 '마이쭈'라는 게 있다. 아주 잘나가는 아이돌 가수를 섭외해서 그 제품을 광고했더니, 팬들이 광고를 재편집해서 인터넷으로 널리 퍼트렸다. 팬들이 만든 영상에 대한 호응이 대단했다. 낡은 세대인 나로서는 이해할 수 없을 정도로 열광적이었다. 그들이 크라운해태를 좋아해서 그런 것은 아니지만 예전이라면 상상도 못했을 광고를 무보수로 해준 셈이다.

예술과 기술을 과감히 접목할 줄 아는 예술가적 고객들과 어떻게 소통할 것인가? 이건 정말 새로운 고민거리이다.

옛날이 좋았다. 많이, 싸게, 빠르게, 강하게 만들어내는 것이 지상 과제였던 그 시절엔 정말 단순했다. 하지만 흘러간 좋은 시절을 그리워해 봐야 소용이 없다. 새로운 감성과 전략으로 목숨 걸고 차별화하는 것만이 생존의 길이다. 시장의 변화에 맞춰 기업도 변해야 한다.

예술과, 예술가들은 우리에게 생존의 길을 보여주고 있다. 우린 그것을 필사적으로 배워야 한다. 디자인 바꾸기나 광고에 예술 작품을 소재로 쓰는 것만으로는 부족하다. 예술이라는 고도로 전문적인 행위에 감춰진 창조 본능의 뿌리를 캐고, 그것을 AQ라는 지적 역량으로 승화시키지 않는다면 우리는 혁신의 기회를 놓치고 저가 경쟁, 속도 경쟁의 나락에 빠져들고 말 것이다.

동시에 우리는 고객에게 다시 배워야 한다. 기술이 자극하고 있는 창조 감성의 본질, 기술로 인해 마음껏 분출되는 창조적 폭풍에 대해 구체적이고 분석적으로 이해할 필요가 있다.

우리는 포드의 세계를 아주 잘 안다. 너무 익숙해서 다른 것은 눈에도 잘 안 들어올 정도다. 하지만 고객은 더 이상 포드의 세계에 머물지 않고 있다.

"검정색만 고른다면 어떤 컬러도 선택할 수 있다."는 포드의 오만에 GM은 소비자의 선택권을 높이는 것으로 대응했다. 다양한 색깔뿐만 아니라 다양한 편의사양을 집어넣어 포드의 지배를 종식시킨 것이다. 독일 자동차와 일본 자동차는 탁월하고 섬세한 기술력으로 주도권을 잡았다. 그다음은 무엇일까?

유튜브가 교훈을 주고 있다. 자동차보다 영상을 다루기가 훨씬 쉽다. 고객은 상상하지도 못한 방식으로 창조적인 열망을 뿜어내고 있다. 과거에는 수십 조의 돈을 들여 인공위성을 쏴야 가능했던 영상을 간단한 풍선과 싸구려 휴대폰으로 찍고, 그것을 유튜브로 공유한다. 기술은 인간의 창조 역량에 불을 붙이고 있다.

우리 기업들이 방황하는 이유가 여기에 있다. 기업 이상으로 창조 역량이 탁월한 고객을 어떻게 응대해야 하는가?

사실 예술가적 기업으로 변모하고 싶어도 구체적인 방향을 잘 알지 못한다. 인간은 낯설고 모르는 것에 대해 본능적으로 반감을 갖게 마련이다. 나는 그래서 직접 체험을 해봐야 한다고 생각한다. 고객보다 빠르게 고객 속으로 뛰어들어서 그들처럼 행동하고 실천해야 비로소 뭔가 감을 잡을 수 있다.

예술은 본질적으로 체험이다. 고객이 진정 원하는 것은 '창조의 체험'이다. 체험 1.0을 넘어 체험 2.0으로 나아가야 한다.

체험 하면 오감만족, 스펙터클, 샘플 사용을 떠올릴 것이다. 이 셋의 공통점은 몸의 감각으로 제품을 직접 느끼게 하는 것이다. 냄새도 맡아보고, 만져보고, 소리를 듣게 하는 것이다. 크고 화려한 매장이나 강렬한 시청각적 자극을 활용하는 마케팅, 제품을 마음껏 써보게 하는 마케팅에 우리는 흔히 '체험'이라는 단어를 붙인다.

체험 전략은 갈수록 고도화되고 정교해지고 있다. 인간의 의식과 무의식, 수십만 년에 걸친 진화 과정까지 연구하여 어떻게 하면 고객을 사로잡을 수 있는지 연구한다.

그런데 인간에 대한 연구는 고객을 지배하고 더 무력화시키는 방향으로만 활용되었다. 고객이 정말 그것을 모를까? 모른다고 생각한다면 당신은 아직도 체험 1.0의 함정에서 헤어나지 못했다고 보면 된다.

지금까지 우리의 비즈니스에서 고객은 항상 수동적인 '지갑'의 역할을 해야만 했다. 하지만 갈수록 고객을 사로잡기 힘들어지고 있다고 말한다.

그렇다면 우리의 목표와 지향점이 잘못된 것은 아닐까? 고객을 사로잡는 것이 아니라 자유롭게 해야 하고 능동적으로 참여할 수 있는 자리를 마련하는 것이 기업의 임무는 아닐까?

딱 들어맞는 비유는 아니지만, 기업과 고객의 관계는 부모와 자식의 관계에 비유해볼 수 있을 것도 같다. 이런 빗대기 사고를 통해 우리는 적잖은 통찰을 얻을 수 있다. 유치원 교육 과정을 보면 아이를

제1회 아리랑 경연 대회.
이 행사는 고객, 임직원, 전문 예술가들이 공동으로 팀을 구성한 경연으로 진행되었다.

수동적인 존재로 보는 시대는 이미 끝났음을 알 수 있다. 아이의 능동성, 생명 자체의 역동적인 적극성을 인식하는 육아가 대세가 되고 있다.

기업은 과연 어떨까? 고객 입장에서 생각한다고 막대한 자원을 투입하고 진을 빼면서도 정작 '사로잡는다'는 잘못된 전제로 인해 낭비와 비효율을 초래하고 있는 것은 아닐까? 우리의 체험 전략은 온 세상을 거대하고 중독성 강한 TV로 만드는 놀이공원 전략으로 경도되었다. 고객은 소파에 기대어 리모콘만 누르는 카우치 족이 되어가면서 더 강한 자극을 원하는 '더 심드렁한 존재'로 전락한다. 마치 〈몬스터주식회사〉의 어린이처럼 말이다.

Artistic Quotient

〈몬스터주식회사〉는 스티브 잡스가 소유했었고 이제는 디즈니에 인수된 애니메이션 스튜디오 픽사의 작품이다. 나는 손자와 이 애니메이션을 즐겁게 봤다. 그 영화는 단순한 오락거리 이상의 교훈을 준다. 여기에 나오는 몬스터들의 나라는 인간 아이들을 겁에 질리게 해서 에너지를 충전해야만 유지될 수 있다. 이 괴물 나라에 에너지를 공급하는 핵심 기업의 CEO는 이렇게 한탄한다.

"요즘 애들은 정말 되바라졌어. 도대체가 무서워할 줄을 몰라."

하루가 멀다 하고 쏟아지는 공포물 때문에 진짜 괴물이 나타나서 겁을 줘도 애들은 무서워하질 않는다. 애들이 무서워하지 않으니 괴물 나라는 점점 에너지 위기에 빠져서 결국에는 주기적으로 단전까지 해야 할 상황에 빠진다.

"요즘 고객들은 정말 이상해. 어디서 주워들은 건 많아 가지고 가격만 깎으려고 들고."

고객과 기업의 관계도 마찬가지이다. 제대로 된 관계가 없다면 아무리 놀라운 스펙터클을 제시한다 해도 고객은 금세 '가격'을 떠올릴 수밖에 없다(물론 가격 책정이 중요함을 부정하는 것은 아니다).

하지만 '체험'을 추구하는 기업들은 계속해서 더 자극적인 극장을 만들려고만 한다. 그들과 할리우드 블록버스터 제작자들의 차이는 과연 무엇일까? 기억, 추억, 흥미로운 스토리, 입소문, 거대한 스펙터클, 감각의 실제적이고 입체적인 자극. 여전히 고객은 수동적이다.

인터넷쇼핑의 발달이 체험화(사실은 스펙터클화)를 강제하고 있는지도 모른다. 집에서 편안하게 택배로 받아보는 제품이나 바깥으로 나

가서 구매하는 것이나 차이가 없기 때문이다. 체험 1.0의 완성은 거대한 극장화였다고 할 수 있다. 인간의 오감을 자극하는 스토리와 스펙터클로 무장한 체험 인프라가 세계 곳곳에서 건설되었다. 하지만 그것은 변형된 TV와 비슷한 역효과를 초래한다. 고객의 창조성은 본성상 매우 능동적이기 때문에 어느 순간부터 스펙터클 경쟁이 붙기 시작하면 여기에도 과도한 비용과 가격 경쟁의 논리가 작용할 수밖에 없다. 과도한 비용을 들여 스펙터클에 치중하는 공간 마케팅은 기업의 핵심이 무너질 때 엄청난 부담이 될 수 있다.

체험은 이제 2.0으로 진화하여야 한다. 그 밑바탕에는 AQ에 대한 깊은 체험적 이해가 깔려 있어야만 한다.

하지만 기업이 예술을 표방한다는 것이 과연 가능한 일일까? 후원자가 되거나 겸손하게 예술을 대여해 활용하는 데 멈춰야 하는 것이 아닐까?

사실 예술 작품과 기업 제품 사이에는 엄청난 간극이 있다. 사람들은 일반적으로 (날이 갈수록 상업화되고 있다 해도) 예술 작품은 여전히 무언가 고상하고 깊은 의미를 담고 있으며 덜 세속적이라고 생각한다. 기업 제품에 대한 인식은 전혀 다르다. 이익을 내기 위해 개발된 극히 세속적이고 심지어 천박하고 때로는 사기성까지 띤 것이라고 받아들인다. 보다 꼼꼼한 사람들은 돈을 내고 쉽게 향유할 수 있는 예술에 대해서는 '상업' 혹은 '대중' 이라는 딱지를 붙여서 전통적인 의미의 예술을 보호하려고 한다.

예술 작품에서 우리는 영혼의 밑바닥을 울리는 영감을 얻는다. 때로는 희대의 명의조차 줄 수 없던 깊고 안온한 치유의 감정을 맛보기도 한다. 하지만 어느 누가 기업의 제품과 서비스에서 그러한 영감과 치유를 얻을 수 있겠는가?

그러한 경지에 이르는 것이 가능하다고 나는 믿는다. 차별화에 목숨을 거는 상품과 예술 작품은 오히려 유사점이 더 많아야 정상이라고 생각한다. 예술 심리학에 따르면 인간의 각성에 영향을 끼치는 예술의 세 가지 특성은 (1)소리의 고저나 색의 맑기나 밝기 등 정신물리학적 요소 (2)생존과 연관성이 있는 생태학적 요소 (3)놀랍고 기대를 넘어서거나 예상을 깨버리는 등의 대조Collative 요소라고 한다.

상품과 서비스는 그것을 활용하지 않고 있는가? 아니다. 다만 예술은 더 극단적이고 도전적이다. 기업은 예술이 지닌 그러한 극단성과 도전성을 두려워한다. 지나칠 정도로 두려워해서 과거의 패러다임을 고수한다. 기업은 생산하고, 고객은 소비한다는 그 패러다임 말이다.

두려움을 넘어서야 한다. 우리는 체험이라는 전략적 '도구'와 '프레임'을 활용하여 예술가적 기업으로 변화할 수 있다. 정확히 말하자면 우리 안에 억눌려 있던 '예술가적 본성'이라는 거대한 힘을 깨울 수 있다. 이미 고객은 앞서 가고 있다.

기업이 두려워할 때 고객은 더 극단적이고 도전적으로 자신을 표현하고 새로운 것을 만들어낸다. 기업이 확산시킨 기술, 특히 정보통신 기술을 활용하여 자유롭게 자신의 창조 본능을 충족시키고 있다.

이미 우리 시대의 현실이 되어 있지 않은가?

모든 인간은 놀랍도록 고도한 지능을 갖고 있다. 때문에 단순한 생

AQ 시대가 오고 있다

존을 넘어 창조자가 되려는 대담한 욕망을 갖고 있다. 인간은 고도의 추상화 능력, 미래를 그리는 상상력, 정교한 손재주, 고도의 협업 능력, 심오한 자기성찰 능력을 갖고 있다. 이러한 능력을 활용하여 단순한 유전자의 보존을 넘어 자신만의 우주, 완전한 세상을 창조하려는 것이다.

기업은 인간의 창조 본능을 '프랑켄슈타인' 처럼 두려워한다. 하지만 아이러니하게도 창조 본능을 생존의 판도라 상자에서 꺼내 해방시킨 것은 기업이다. 기업이 전 세계로 확산시킨 기술 문명이 인간의 창조 본능을 깨웠다. 인간은, 고객은 변화하였다. 이제 기업이 변화할 차례다. 그리고 이미 변화한 기업들이 시장을 선도하고 있다.

노동의 종말,
예술의 부활

비즈니스는 기업이나 개인, 조직의 금전적 이익을 추구하는 활동이다. 나는 이 냉정한 '현실'을 부정하지 않는다. 그러나 비즈니스에서 항상 문제가 되는 것은 '방법'이다. 어떻게 해야 이익을 낼 수 있는가?

AQ 전략은 지속성장을 위한 미래(그리고 오늘의!)의 전략이다. 농업, 공업, 의학 등에서 기술이 고도로 발달하면서 인간에 대한 생존의 위협은 급속도로 약화되었다. 인간은 생존을 넘어선 무언가를 추구하게 되었다. 운송수단과 통신수단의 발달과 함께 갖가지 상품이 넘쳐나고 기업들은 첨단 마케팅 기법을 활용하여 소비를 유도하느라 골머리를 앓고 있다. 고객은 소유와 소비를 넘어서는, 더 고도한 가치를 추구하게 되었다. 바로 '창조'다.

고도한 지능을 가진 여러 생물처럼, 인간도 안전하고 풍요로운 현대 기술 문명 환경에서 자신의 에너지를 창조적인 과업에 쏟으려는 본능적 성향을 보인다. 기업은 이러한 변화에 빠르게 응답해야 한다. AQ 전략은 그 수단으로 예술을 선택한다.

왜 예술을 통해 창조 본능을 충족시켜야 하는가? 예술은 가장 보편적인 도구이다. 누구나 참여할 수 있고 향유할 수 있는, 유구한 역사와 뿌리를 가진 분야다. 예술은 인간의 감성을 자극하며 깊은 공감을 끌어낼 수 있다. 예술은 강력한 확산성을 지닌 창조의 미디어이기에 사회 전반의 깊은 호응을 끌어낼 수 있다.

우리는 기능적인 의미에서 모든 비즈니스 활동을 노동(혹은 근로)이라고 부른다. 그 노동은 곧 사라지게 될 것이다. 그리고 예술로 부활하게 될 것이다. 우리의 조직은 군대가 아닌 오케스트라가 될 것이며, 공장과 사무실은 아트홀과 스튜디오가 될 것이다.

공장과 사무실은 사라지지 않는다. 거기에서 사라지는 것은 인간이며 그 자리는 기계가 차지한다. 창조적 열정이 없는 분업화된 포디즘 방식의 노동으로는 더 이상 경쟁력을 유지할 수 없다. 단순 반복과 지루한 노동은 자동화 기술과 정보화 시스템으로 무장한 기계에게 자리를 내주고 있다. 과거의 방식을 답습한다면, 좋은 서비스를 두고 로봇과 경쟁을 벌여야 하는 날이 멀지 않았다. 사람보다 더 많은 지식과 더 빠른 속도를 자랑하며, 사람처럼 까다롭거나 변덕스럽지 않은 로봇이 등장할 준비를 하고 있다.

톰 피터스는 "화이트칼라 노동자들에게 소프트웨어란 정신적 업무를 수행하는 지게차" 같은 것이라고 했다. 지게차는 운전자의 명령을 따른다. 하지만 더 뛰어난 자동 지게차가 등장할 것이다. 인간의 개입이 절대적일 것 같은 의료 영역에서도 인간의 '퇴출'은 현실화되고 있다.

"의학적 진단의 많은 과정은 일련의 의사결정 트리를 따라 이뤄진다. 마른기침인가, 끊임없이 이어지는 기침인가? T세포의 수가 기준치를 상회하거나 밑돌지는 않는가? 이 같은 질문의 답을 따라 의사결정을 해나간다. 컴퓨터는 의사결정 트리의 이원적 논리 프로세스를 인간이 따라갈 수 없을 정도로 순식간에 정확히 해낸다. 일련의 소프트웨어와 온라인 프로그램은 환자들이 컴퓨터 스크린에 나타난 물음에 답해 가면서 의사의 도움 없이 기초적인 진단을 받을 수 있도록 했다." – 《새로운 미래》

인간은 기계와 기술이 해낼 수 없는 것을 해야 한다. 아니면 기계나 기술로 하기엔 비용이 드는 저급한 일을 해야 한다. 둘 모두 바람직한 미래가 아니다. AQ 전략은 그래서 예술을 노동의 미래라고 말한다.

예술과 비즈니스는 왜 만나야 하는가? 예술은 항상 누군가로부터 후원을 받아야 했다. 기업은 예술의 후원자가 될 수 있다. 뿐만 아니라 예술가들의 작업이 대중화될 수 있는 비옥한 토양을 제공할 조직적 기반을 갖고 있다. 기업은 상상력의 빈곤과 새로운 비즈니스의 패러다임을 예술로부터 찾을 수밖에 없다. 기술을 예술로 승화시키는 기업만이 시장과 경쟁에서 승리할 수 있다.

지금은 생존 본능이 기본적으로 해결되고 창조 본능에 대한 갈증이 넘쳐나는 시대다. 생존 본능이 만들어낸 자원을 기반으로 결핍된 창조 본능을 충족시켜야 한다. 이는 예술과 비즈니스의 공동 작업이 되어야 한다. 기업은 이제 예술의 후원자나 관객을 넘어 예술가의 제

AQ 시대가 오고 있다

자가 되어야 한다.

예술은 기술이 점점 힘겨워하는 수요 창출의 핵심 수단이 될 것이다. 더 많은 고객들이 예술 체험을 통해 내면의 창조 본능을 일깨우고 충족시키는 데 익숙해질수록 기업들은 더 많은 수요를 얻게 될 것이다. 집단적인 AQ 수준이 높아서 이것을 잘 수행하는 기업일수록 시장 경쟁에서 앞서 가게 될 것이다.

무엇이 예술인가? 이 지점에서 비즈니스 종사자들은 실천적이고 단순한 자세를 취해야 한다. 예술은 프로페셔널 예술가들의 작업이자 그 결과물이다. 넓은 의미의 예술, 은유로서의 예술이 있으나 실질적인 의미에서 예술은 프로페셔널 예술가들의 작업이어야 한다. 예술사가나 미학자들은 이러한 접근이 매우 불편할지도 모른다. 하지만 비즈니스 전략의 입장에서 보자면 측정이나 보급, 교육 등등 여러모로 분명한 것이 좋다.

예술은 비즈니스와 어떻게 만나야 하는가? 프로 예술가의 안내를 받아야 한다. 비즈니스와 기업 조직, 시장의 특성에 맞게 장르를 선택하고 프로 예술가의 지도를 받아야 한다. 이러한 체험적 교육은 제품과 서비스, 마케팅 전반에 걸쳐 고객의 체험으로 이어져야 한다.

제품 리더, 부문 리더, 조직의 리더는 스스로가 어떤 예술 이벤트와 작품의 창조자인지를 분명히 인식하고 그 과정과 구성원 각자의 역할을 뚜렷이 정해야 한다.

비즈니스 조직은 특정한 상품이나 서비스를 볼 때 어떤 창조 감성에 소구하는지를 깊고 다면적으로 고찰해야 한다. 장르를 선택함에

크라운해태는 전문 국악인을 후원하고,
고객과 함께 즐기며, 스스로를 국악 전문가로 키워 간다.

있어 기업은 미학, 유희, 몰입, 초월, 소통 등 다섯 가지 창조 감성 가
운데 무엇에 소구할 것인지를 분명히 할 필요가 있다. 상품과 서비스
를 만들고 고객에게 전달하는 모든 단계가 독특한 창조 감성을 만족
시키는 예술 창작의 과정으로 이해되어야 한다. 기업은 내부적 체험
을 통해 구성원을 예술가로 바꾸고, 비즈니스 프로세스를 위대한 예
술작품의 창조 프로세스로 인식하도록 해야 한다.

AQ 시대가 오고 있다

일과성 이벤트로 끝나는 것은 AQ 전략에 치명적인 독이다. 자본주의 기업 경제가 만개하면서 시작된 광고를 통해 기업들은 예술을 차용해왔다. 하지만 그것은 근대 부르주아의 중세 예술에 대한 콤플렉스를 자극하는 것 이상도 이하도 아니었다. 소비 이데올로기의 전파 장치였다. 이로 말미암아 예술과 AQ에 대한 편견을 갖는 이들도 있다. 생색내기 위한, 그럴싸한 포장을 위한 예술 활용은 이제 끝내야 한다.

의식적이건 아니건 간에 스스로 예술가가 되고, 노동을 예술로 바꾸는 데 성공한 기업이 앞서 가게 될 것이다. 구글은 업무 시간의 20퍼센트를 자신만의 창조적 과업에 활용하는 룰을 통해 각종 아이디어와 노하우를 얻고 있다. 영국의 버진 그룹도 유사한 유희적 전략을 통해 차원이 다른 경쟁력을 확보하고 앞서 나간다.

여전히 생존 중심의 전략은 유효할 수 있다. 낡고 오래되었다 해서 틀렸다거나 무능한 게 아니다. 크라운해태 역시 과거와 비슷한 원가 절감, 점유율 경쟁을 벌이고 있다. 다만 우리는 조금씩, 아주 조금씩 경쟁의 도구와 방법, 무엇보다 '지향점'을 바꿔가고 있다.

변화란 그렇게 빨리 오지 않는다. 인간이 유인원에서 지금의 모습이 되기까지 수십만 년이 걸렸다. 침팬지가 예술을 한다고 해서 당장 모든 본능적 습성을 버릴 수 있겠는가?

AQ 전략은 실험을 통해 형성되고 자연 번식되는 것일 수도 있다. 작게 시작하라. 모든 혁신처럼 기존의 주류를 함부로 파괴하면 될 것도 안 된다. 자연스럽게 장점이 인식되고 수용될 여지를 줘야 한다.

크라운해태의 AQ 전략은 양주 아트밸리라는 별도의 공간을 통해 하나씩 차근차근 수용이 되었고 한두 개, 서너 개, 수십 개의 성과가 쌓이면서 크라운해태의 몸에 축적될 것이다.

기업 차원의 변화에 그쳐서도 안 된다. 서울 광화문 광장의 아리랑 페스티벌이나 양주 아트밸리의 스노우페스티벌처럼, 시장과 사회에서 예술에 대한 갈증을 깨우는 작업을 병행하여 체험을 시장 전체의 이벤트로 만들어야 한다.

미래의 경쟁은 창조 본능을 둘러싸고 벌어질 것이다. 영국인 애널리스트 존 호킨스는 창의적이라는 표현을 좀 더 확실하게 규정하면서, 영국에서 창의적인 분야가 매년 2,000억 달러에 이르는 상품과 서비스를 생산하고 있다고 추정했다. 호킨스는 15년 내에 이 분야의 가치가 국제적으로 6조 1,000억 달러에 이를 것으로 추산하면서 하이컨셉 국가가 세계에서 가장 큰 규모의 경제를 갖게 될 것이라고 전망했다.

인간은 스스로의 욕망을 다양한 방법으로 표출하고 그 흔적을 남기려 한다. 문명은 그러한 욕망의 성과가 축적된 일종의 건축물이다. 인간은 수십만 년 동안 자신의 환경과 삶을 예술로 장식할 뿐만 아니라 그 자체를 예술로 만들고 싶어 했다.

창조성은 인간의 유전자에 내포된 본능이며 누구도 이를 막지 못한다. 어렸을 때를 떠올려보라. 색연필로 온 집 안을 캔버스로 만들고, 자기가 아는 온갖 이야기를 짜깁기하여 깜찍한 이야기를 꾸미고, 깡통은 전화기로 둔갑하고 모래는 순식간에 두꺼비를 위한 안락한

집이 된다.

그러나 우리는 창조적인 문제아보다는 말 잘 듣는 모범생이 되라고 세뇌 교육을 받는 과정에서 예술가적 본능을 억압한다.

어른들은 아이를 길들인다. 혹시라도 세상이 정해놓은 기준에 못 미칠까봐, 혹시라도 시험 성적이 뒤처질까봐 아이들의 창조적 본능, 천부적이라 해도 과언이 아닌 예술 지성의 싹을 자른다. 어른들에게 중요한 것은 사지선다형 객관식 문제의 정답을 남보다 빠르게 골라내는 능력이다. 아이들의 창조적 도전은 위험스러운 것으로 치부한다.

더 나이가 들면 직장생활을 시작하게 되고 이때부터는 틀에 박힌 생활 속에서 바쁘다는 이유로, 피곤하다는 이유로 타고난 예술가적 기질을 억누르고 무시해버린다. 이렇게 점차 나이가 들면서 우리는 어렸을 적에 뿜어내던 창조의 열정을 완전히 잃어버리고, 창의성이 주는 황홀경과 진정한 기쁨까지 잊어버리게 된다.

우리는 AQ전략을 실행하는 과정에서 조각과 국악을 기업 단위의 핵심 장르로 규정하고 혼신의 힘을 다해 배우고, 고객과 함께 체험해 왔다. 무수한 시행착오와 낭비, 괴로움으로 점철된 시간이었다. 돈과 지식, 경험의 부족도 컸지만 근본적인 난관은 따로 있었다. 바로 우리 스스로가 타고난 창조의 열정을 잃어버렸다는 점이다.

"다 늙어가지고 이게 뭐 하는 거야?"

배 나오고 얼굴에 주름이 진 중년의 간부들은 끌과 망치로 돌과 나무를 다듬고, 북을 치며 노래를 부르지만 속으로는 적잖이 불만을 토로한다. 어색한 것이다. 시키니까 하기는 하지만 유치하다, 쓸모없다, 계면쩍다고 느낀다. 자연스런 반응이다. 예술은 예술가가 하는 고상한 것, 예술은 어릿광대나 하는 유치한 것이라고 생각하고 있었기 때문이다.

비법은 없다. 예술을 했더니 돈이 되더라, 예술을 했더니 흥이 나더라, 예술을 했더니 인생이 바뀌더라, 이렇게 체험을 통해 스스로 느껴보는 수밖에 없다. 하물며 작심을 하고 AQ 전략을 실행하는 우리도 이러할진데 고객들은 오죽하겠는가.

이것이 우리 시대가 가진 한계다. 우리는 한계를 넘어서야 한다. 바로 지금.

IQ, EQ의 시대에서
AQ의 시대로

어떻게 하면 직원들을 더 잘 이해하고 그들의 잠재력을 파악하여 최대한 능력을 발휘하도록 도와줄 수 있을까? 경영자라면 누구나 가지는 고민이다.

크라운해태는 15년 전부터 구성원들의 잠재력을 발견하기 위한 일환으로 미술, 음악, 연극 등 다양한 창작 활동 및 감상 프로그램을 개발·운영하였다. 많은 시행착오와 난관이 있었다. 그러나 이 소중한 경험을 통해 나는 인간은 누구나 창작에 대한 의지가 있으며, 창작과 감상을 통해 대단한 기쁨을 느낀다는 것을 알게 되었다. 프로그램 운영을 통해 인간은 누구나 예술가적 기질을 어느 만큼은 가지고 태어난다는 사실을 온몸으로 체감한 것이다.

정도의 차이가 있기는 하지만, 각자의 개성에 맞는 창작 환경이나 계기가 주어지면 처음에는 수줍어하던 이들이 어느 순간 창작열을 불태우는 예술가로 변신한다. 그리고 업무와 사생활 모든 면에서 감추어진 매력을 발산하면서 성장을 거듭한다.

이러한 경험을 통해 사람들의 내면에 잠재된 예술가적 기질을 깨우고 일상의 삶 속에서 창작의 기쁨을 누리며 예술가적 기질을 다듬

Artistic Quotient

어나갈 수 있는 행동 지침 내지 일종의 지수Quotient가 필수적이라는 생각을 가지게 되었다. 경영이란 항시 성과 측정을 통한 발전과 혁신을 추구하기 때문이다.

이에 먼저 기존에 통용되고 있는 다양한 지수 가운데 적합한 것이 있는지 살펴보았다.

20세기는 IQ의 시대였다. IQ는 기술의 시대를 살아가는 인간의 지능을 측정하는 지표였다.

기술의 본질은 패턴의 실행이다. 규칙을 발견하고, 그것을 가장 저렴한 비용으로 최소한의 오차로 반복 실행하는 것이 기술이다. 기술은 사실상 인간 뇌의 가장 핵심적 기능 가운데 하나인 '패턴의 인식'에서 비롯한 것이다.

사람은 아무리 복잡해도 규칙적인 패턴을 파악해 낸다. 아주 오랜 옛날부터 사람은 하늘과 땅과 시간과 자연과 인간으로부터 패턴을 발견하였고, 그 발견을 이용하여 노동을 효율화하고 도구를 개발하여 생산력을 발전시켰다. 17세기 이후의 과학혁명, 19세기 이후의 석탄과 석유와 전기를 이용한 동력 혁명은 엄청난 기계의 개발과 활용을 가능케 했다.

기술과 기계는 인간의 노동을 지배하였고, 나아가 생각과 인생, 사회 조직마저 기술적이고 기계적인 것으로 변화시켰다. 인간은 이러한 시대적 조류에 맞춰 자신의 능력을 계발하기 위한 측정 수단을 고안하였다. 측정할 수 없다면 발전시킬 수도 없기에, 사람들은 기계적 지성을 계량할 수 있는 IQ라는 도구를 만들어낸 것이다.

그런데 IQ는 인간의 가능성 가운데 극히 일부분만을 보여주었다. 무엇보다 인간이 지닌 '감성', 다시 말해 소통하고 공감하는 능력이 얼마나 사회와 조직에 큰 영향을 끼치는지를 제대로 파악하지 못했다는 비판이 제기되었다.

IQ의 세계에서 인간은 기능적 역량을 빼고는 큰 의미가 없다. 그래서 기술은 쉼 없이 인간의 역할을 없애는 방향으로 발전해왔다. 직조공, 조립공, 관리자, 의사, 변호사, IT개발자 등 분야와 능력을 막론하고 인간은 기술에 의해 점점 노동으로부터 축출되었다.

심리학과 뇌신경 과학의 권위자인 대니얼 골먼의 《감성 지능》이라는 책이 등장한 1996년 이래 감성지수는 엄청난 사회적 반향을 불러일으키게 되었고 경영에서도 큰 화두가 되었다. 인간의 가능성에 대한 전혀 새로운 측정 지표였기 때문이다.

감성지수란 주로 감성, 감정, 정서와 관련된 지능으로 자신과 타인의 감정을 제대로 이해하고, 자신의 감정을 적절히 통제하고 타인을 배려할 수 있는 능력을 뜻한다.

골먼 박사는 여기에서 더 나아가, 감성 지능을 발전시킨 사회지수 SQ, Social Quotient를 내놓기도 했다. 그것은 환경과 상황을 파악하고 조직 내 효과적인 교류를 관장하는 능력이라는 의미에서 기업을 중심으로 많이 회자되고 있다.

이 밖에도 IQ에 대한 대안으로써 화제가 되었던 대표적인 새로운 지능 개념 가운데 하버드 대학교 교육심리학과 교수인 하워드 가드너 Howard Gardner의 다중지능Multiple Intelligence 이론을 들 수 있다. 1970년대

초반부터 시작된 연구를 집대성한 책이 1993년 출간되면서 다중지능 개념은 사회 각계각층, 특히 교육계로부터 뜨거운 호응을 얻었다.

가드너 교수는 지능을 개인이 속한 특정 문화나 사회 속에서 상징 도구를 선택, 활용하여 중요한 문제를 해결하거나 업적을 이루어내는 능력으로 규정하고, 여기에는 다양한 개인차가 수반된다고 주장하였다. 이런 맥락에서 그는 다중지능이라는 용어를 만들고, 음악지능, 신체운동지능, 논리수학지능, 언어지능, 공간지능, 인간친화지능, 자기성찰지능에 이르는 일곱 가지를 대표적인 다중지능이라고 설명하였다. 더불어 새로운 지능의 추가 가능성을 언급하면서 자연친화지능과 실존지능을 제시하였다.

가드너 교수의 다중지능은 인간의 지능을 보다 다양한 관점에서 바라볼 것을 제안하였다는 점에서 높이 평가될 만하다. 특히 교육에 대한 새로운 접근 방법과 유연한 평가 가능성을 열어주었다는 점에서 교육자들을 고무시켰으며, 이러한 점이 상당히 긍정적인 측면이라고 생각된다. 그러나 그는 지능에 대한 다원론적 관점에서 분리된 예술지능이 있는가 하는 질문을 제기하였으면서도 아쉽게도 예술지능은 존재하지 않는다고 결론을 내린다. 그의 주장은 각각의 지능이 예술적인 목적으로 사용될 수 있다는 것인데, 이를테면 언어지능, 논리수학지능, 음악지능, 공간지능이 예술 활동에 빈번하게 활용되는 지능이라는 것이다.

하워드 가드너는 예술적인 목적을 심미적인 것으로 한정하고 있다. 20세기 초반 이래 예술은 심미적인 것을 넘어서서 우리가 살아가고 있는 이 현실만큼이나 극도로 다양화되고 있는 실정이다. 게다가 오늘날은 어떤 자세로 임하느냐에 따라 일상 자체가 예술이 될 수 있다고 이해하는 열린 마음이 중시되고 있는 추세인데도 불구하고 그는 예술을 미술, 음악, 시 같은 순수예술에 한정 지어 생각하는 오류를 범하고 있다.

안타깝게도 인간의 지능에 대해 열린 마음을 지닌 세계적인 석학들은 예술에 대해서만은 상당히 낡고 편협한 견해를 가지고 있는 듯하다. 그럼으로써 다중지능 개념은 여러 유용성에도 불구하고 인간이라면 누구나 가지고 있는 예술가적 기질 개발에는 전혀 도움을 주지 못한다는 한계점을 지닌다.

우리는 인간 내면에 삶의 전반에 걸쳐 드러나는 창조의 충동이 있음을 잊지 말아야 한다. 사람은 상상하지 못한 예술 작품을 창조할 수 있다.

감성지수나 사회지수, 또는 다중지능보다는 다소 좁은 맥락이긴 하지만 창의력지수CQ, Creative Quotient 또는 비주얼지수VQ, Visual Quotient 가 예술가적 기질의 발견과 개발에 보다 밀접한 관계가 있다고 할 수 있다. 그러나 이 두 지수 역시 완전히 적합하지는 않다. 창의력지수는 말 그대로 새로운 것을 만들어내는 능력을 일컫는다. 직관, 상상, 영감 등을 중시하고 실수와 모험을 통해서 그 능력이 증진된다는 측면에서는 예술가적 기질 개발에 상당히 도움 되는 부분도 있다. 그러나 예술가적 기질은 창작만이 아니라 있는 것을 새롭게 음미하거나 자연을 관조한다거나 하는 보다 폭넓은 측면이 있기 때문에 창의력

지수로는 설명되지 않는 부분이 있다.

비주얼지수도 마찬가지이다. 비주얼지수는 우리가 흔히 말하는 '보는 눈', '안목'을 의미한다. 같은 서류를 작성하더라도 보기 좋게 만드는 쪽에 더 승산이 있을 것이다. 이처럼 비주얼지수는 안목에 대한 지수로써 예술가적 기질 개발과 밀접한 관련이 있으나, 시각적인 부분에만 한정되어 있기 때문에 오감의 총체적인 개발을 중시해야 하는 예술가적 기질을 설명하기에는 너무 폭이 좁다.

이로써 감성지수, 창의력지수, 비주얼지수가 모두 합쳐진 보다 능동적인 의미의 새로운 지수가 필요하다는 결론을 내리게 되었고, '예술가적 지수AQ, Artistic Quotient' 라는 새로운 용어를 만들게 되었다.

예술가적 지수, AQ는 말 그대로 예술가적 능력을 뜻한다. 여기서 예술이라 함은 미술관이나 공연장에서 관람하기 위해 생산된 좁은 의미의 예술만이 아니라 일상 속에서도 얼마든지 즐길 수 있는 넓은 의미의 예술까지 포함하여 지칭한다.

AQ는 우리 모두가 예술가 기질을 유전자 속에 담고 태어난다는 믿음을 전제로 한다. 이는 근거 없는 이야기가 아니다. 앞으로 많은 증거를 통해서 우리의 예술가적 기질에 대해서 설명할 것이다. 다만 자라면서 사회화가 이루어지는 과정에서 예술가적 기질이 잊히고 묻힐 뿐이다. AQ는 이처럼 잘못된 교육과 억압으로 삶 속에서 제대로 발휘되지 못하는 우리의 예술가적 기질과 재능을 발견, 개발하고 향상시키기 위한 지수이다. 자신 속에 잠들어 있는 예술가적 기질을 깨우는 순간부터 AQ는 무한히 향상되기 시작하고, 누구나 창의적이고 행복한 삶을 살 수 있다.

AQ를 일상의 삶 속에서 갈고 닦다 보면 자신도 모르는 사이에 전문 예술계에서 인정받는 예술가가 될 수도 있다. 일상 속에서 예술을 즐기는 아마추어 예술가에서 프로페셔널 예술가로 등극하는 것이다.

《유연한 마인드Mindfulness》의 저자로 널리 알려진 심리학자 앨런 랭거Ellen J. Langer가 좋은 예이다. 그녀는 자신의 또 다른 저서《예술가가 되려면On Becoming An Artist》에서 누구나 예술가가 될 수 있으며, 예술가가 되려면 평가에 대한 두려움을 떨쳐버리고 그림이든 노래든 화초 가꾸기나 요리 등 분야에 상관없이 지금 당장 창의적인 작업을 시작하면 된다고 진심 어린 충고를 한 바 있다. 하버드 대학교 심리학과 교수인 앨런 랭거는 특별한 미술 교육을 받지 않고 취미 활동으로 그림을 그리는 아마추어 화가에서 출발하여 상업 갤러리에서 작품을 판매하는 프로페셔널 화가로 활동하게 되었다.

반드시 그녀처럼 전문 예술가가 될 필요는 없지만 내가 예술가로 태어났다는 사실에 빨리 눈을 뜨고 일상생활에 임하면 우리 모두 창의적인 예술가로서 풍요로운 삶을 살 수 있다.

AQ 경영으로
승리하라

고객을 예술가로 만드는
기업들

선진적인 기업과 리더들이 예술가적 기업이라는 프론티어를 개척하여 시장을 주도하고 있다. 그들이 붓이나 끌, 바이올린을 든 것은 아니다. 하지만 그들과 예술가 사이에는 창조 본능이라는 공유 지점이 있다.

자본주의가 세상을 지배한 지 200년, 기술 패러다임이 당연한 것으로 받아들여지면서 이제는 예술적 가치로 대변되는 창조성이 가치 평가의 핵심 척도로 떠올랐다.

이제 사람들은 예술가가 되고 싶어 한다. 그건 특별한 욕구가 아니라 자연스러운 흐름이다.

나는 이번 장에서 애플과 레고를 비롯한 혁신 기업들의 사례를 분석할 것이다. 특히 고객의 몸과 긴밀하게 결합된 '체험'이라는 전략 도구와 프레임을 각 기업들이 어떻게 활용하는지를 살펴볼 것이다. 그들은 예술적 체험이라는 프로세스를 통해 지속적으로 예술가 고객들을 만들어가고 있다.

고객의 확대는 기업이 역점을 둬야 할 최고의 이슈이다. 이번 장에서 다룰 기업들은 우리 안에 억눌려 있던 '예술가적 본성'이라는 강력한 힘을 깨우고, 자극하고, 지속적으로 유지하여 기업에 대한 애정도(충성도가 아니다!)를 꾸준히 유지하고 높여간다.

기술로만 따지자면, 그들이 가장 탁월한 것은 아니다.

할리데이비슨이나 레고, 구글도 기술적으로 다른 경쟁 업체를 압도하고 있지 않다. 애플 같은 업체는 오히려 뒤처졌다는 평가를 받기도 한다.

하지만 고객들은 그들이 생산한 제품이나 서비스를 통해 독특한 체험을 한다. 고객들은 그들의 비즈니스 프로세스에 다양한 형태로 합류하여 창조 감성에 대한 갈증을 해소한다. 무엇인가를 만들어내고, 강한 영감을 받고, 황홀경에 빠지거나 유쾌한 놀이를 즐기고, 깊은 공감을 나누는 것이다.

왜, 어떻게 이들 다섯 개 기업을 골랐는가?

애플은 AQ라는 개념을 정립하는 과정에서 가장 많은 참고가 되었다. 초창기 나에게 잡스는 예술가 리더십 그 자체였고 아이폰과 아이패드는 가장 아름다운 비즈니스 예술의 결정체였다. 그들의 제품은 아름답고 조용한 조각 갤러리를 연상케 한다. 복잡하고 추한 기술 덩어리를 깎아내고 단순화하여 아름답고 잘 정제된 세상과 삶에 대한 내면적 열망을 충족시킨다.

구글은 AQ 프로젝트를 구체적으로 실행하는 아이디어의 수색견이었다. 내부의 문화와 대외적 비즈니스 전략이 일치하기란 쉽지 않은데, 구글은 그것을 일치시킨 기업이다. 또한 이용자들에게도 그러한 기운을 '감염' 시키는 독특한 에너지와 아우라를 갖고 있다. 그들

앞으로는 인간의 예술적 감성을 자극하는 기업만이 시장에서 경쟁력을 유지하게 될 것이다.

의 서비스와 제품은 도시 곳곳에 흔적을 남기는 그래피티 아트를 연상케 한다. 딱딱하고 심각한 기술이 유쾌 발랄한 퍼포먼스를 통해 자유롭고 호기심 넘치는 삶에 대한 열망을 충족시킨다.

디즈니랜드의 비즈니스는 장인적 몰입에 대한 나의 내면적 갈망을 깨닫게 해주었다. 감동적 스토리에 완벽히 동화된 그들의 퍼포먼스는 황홀경에 빠진 시인이나 도예가를 연상케 한다. 자신의 작품에 완전히 빠져들어 혼연일체가 된 그들의 모습은 외부의 모든 것과 단절되어 자신만의 세계를 온전히 창조하고 싶은 욕망을 자극한다.

애플이 창조적 체험을 제공하는 AQ 기업의 1세대라면 레고는 현재 내가 생각할 수 있는 가장 이상적인 고객 창조의 플랫폼을 보유한 기업이다. 최고 수준의 고객과 함께 끝없이 제품 라인을 혁신하는 그

들의 비즈니스는 돈과 제품이 기계적으로 교환되는 차가운 시장을 근본적으로 뒤엎고 있다. 그들은 피상적인 교류의 홍수 속에서 진정한 교감을 열망하는 고객의 욕구를 충족시키고 있다.

할리데이비슨은 도로 위에서 발견한 보석이다. 빤한 유행에 매몰되지 않고 끊임없이 고객을 창조하고 고객이 비즈니스를 끌어갈 수 있도록 묵묵히 후원하는 그들의 전략은 감동을 준다. 기술이 주도하는 세상은 모든 것이 금세 뻔해진다. 세속과 일상을 초월하고 싶은 초월의 욕망도 그만큼 높아진다. 할리데이비슨은 바로 이런 욕구를 파고들고 있다.

그들 모두는 고객을 참여시키고 매혹하며 고객의 역할과 자리를 분명하게 정의하고 있다.

여전히 어떤 이들은 기업이 예술을 한다, 고객을 예술가로 만든다는 표현에 대해 거부감을 느낄지도 모르겠다. 그들에게 예술이란 배부른 자들의 유희, 쓸모없고 어렵기만 한 현학적 허세, 아무리 좋게 봐줘도 돈과 시간이 넘칠 때나 즐길 수 있는 겉치레일 것이다.

기업은 실용적인 집단이며 비즈니스는 냉정한 계산이 지배하는 살벌한 전쟁터이다. 1분 1초를 아끼고 한 푼이라도 원가를 절감해서 질 좋은 물건을 값싸게 만들어 소비자에게 공급해야만 살아남을 수 있다. 비즈니스에서 예술이란, 잘해야 겉포장이고 속임수이지 실용적인 경영자가 진지하게 접근할 만한 이슈라고 보기 힘들다.

이런 사람들에게 애플은 그럴싸한 디자인을 뽑아내고 스티브 잡스의 교묘한 프레젠테이션을 앞세워 크게 성공한 기업일 뿐이다.

할리데이비슨은 벌써 망했어야 할 회사인데 수십만 고객들이 모여서 회사 창립 90년, 100년을 축하하는 행사까지 연다고 하니 당혹스러울 것이다. 기술이나 디자인으로 봐도 BMW나 혼다, 야마하가 더 탁월한데 왜 돈 많은 이들은 할리데이비슨에 열광하는지 답답할 것이다.

레고는 또 어떠한가. 애들이나 갖고 놀 장난감을 어른들에게 엄청나게 팔아치우고 있다. 구글도 그렇다. 도대체가 종잡을 수 없이 온갖 일을 벌이고 자동차에서 태양광 발전 사업까지 건드리지 않는 분야가 없을 지경이다.

300년에 걸친 변화를 인정해야 한다. 기술이 인간 사회를 지배하고, 기술 패러다임이 우리의 미래를 결정하게 된 시대적 조류 속에서 고객들은 예전과는 전혀 다른 욕구를 갖게 됐다. 보다 정확하게 표현하자면 생존 욕망과 창조 욕망의 균형점 위에 올라섰다.

작금의 기술은 기아를 추방할 수 있다. 평균 수명을 압도적으로 늘렸다. 거리 감각과 시간 감각을 완벽히 바꿨다. 정보량을 막대하게 늘렸다. 100년 전, 200년 전에는 겨우 상상 속에서나 가능하던 삶을 우리는 살아가고 있다.

인간은 과거 어느 때보다 많은 잉여 에너지를 갖게 됐다. 이동하느라 많은 시간을 쓸 필요도 없고, 정보와 통신을 위해 몇 년을 기다리지도 않는다. 인류 역사상 생존에 필요한 식량이나 가재도구를 지금처럼 싸고 빠르게 마련할 수 있었던 때가 또 있었을까?

물론 사람들은 너무나도 바쁘다. 쏟아지는 정보와 최신 트렌드를 따라잡느라 눈코 뜰 새가 없어 보인다. 이런 이유로 오늘날의 고객은 여전히 빠른 속도, 강력한 파워, 막대한 수량, 저렴한 가격, 더 다양한 기능, 더 화려한 외양을 선호한다.

다만, 그것이 핵심은 아니다. 그것은 생존이 더 중요했던 과거의 유산일 뿐이다. 오늘날의 고객은 아름답고 우아한 제품을, 장벽 없는 소통을, 황홀한 몰입을, 숭고한 영성을, 즐거운 유희를 원한다. 바로 자신의 창조 감성을 감동적으로 충족시켜줄 예술을 갈망하는 것이다.

스스로에게 물어보자. 당신이 가장 비싼 가격을 치르고 구매했던 서비스나 상품이 무엇인가? 미학적인 것, 영적 초월성, 황홀한 몰입, 유쾌한 즐거움, 본원적인 소통을 담은 것에 아마도 당신은 가장 많은 돈을 지불하였을 것이다.

예술은 어떻게 비즈니스 가치를 창출하고 있는가?

예술의 특징은 미학적 아름다움, 초월적 영성, 자유로운 유희성, 극단적 몰입, 물아일체의 소통으로 정리할 수 있다. 미학, 초월, 유희, 몰입, 그리고 소통을 통해 창조와 혁신을 주도한다. 미래의 비즈니스를 선도적으로 구현하는 기업들은 이 다섯 가지 예술 지성의 특성을 각자의 상황에 맞게 잘 구현하고 있다.

아름다움: 세계의 핵심을 드러내는 단순함의 미학(마음의 번잡함이 사라지는 치유, 나를 둘러싼 세상과 삶을 새롭게 디자인하는 영감)

예술의 기본은 아름다움이다. 사람들은 단순한 아름다움을 추구한다. 우리를 괴롭히는 복잡함은 무엇일까? 그것을 찾아서 가장 아름다운 방식으로 단순화시킨다면 고객은 막대한 수익으로 보답할 것이다.

영성: 세속의 가치를 넘어서는 초월의 몸부림(낡은 가치로 인한 딜레마와 갈등에서 벗어나는 치유, 삶의 새로운 비전을 깨닫는 영감)

동서고금을 막론하고 종교는 예술 발전의 후원자이자 최고의 촉진제였다. 압도적으로 많은 예술 작품들이 종교에서 소재와 테마를 가져왔다. 그 까닭은 예술 자체에 초월적 갈망이 내재되어 있기 때문이다. 고딕 성당과 각종 성가, 바흐의 클래식, 석굴암 본존불 등은 초월적 영성을 담은 대표적인 예술 작품이다. 사람들은 그러한 작품을 체험하며 현실의 고통을 잊고 삶의 새로운 기운을 얻었다. 소수의 혁신적인 기업들은 아주 오래 전부터 이러한 초월적 갈망에 부응하는 전략을 펼쳐왔고, 기업 내부의 혁신에도 이를 활용하여 놀라운 성과를 거두었다.

몰입: 과업과 자신의 혼연일치(기술과 조직 생활이 강요한 무력감과 정체성 혼란을 치유, 위대한 창조적 잠재력을 깨우는 영감)

예술가는 황홀한 몰입을 통해 노동과 다를 바 없는 지루함과 좌절의 고통을 이겨내고 마침내 위대한 작품을 만들어낸다. 게임 업체들은 예술가적 몰입을 경험하게 함으로써 비즈니스 가치를 창조한다. 몰입은 완벽한 단절이다. 단절된 시공간 속에서 자신만의 고독한 선택을 통해 모든 것을 잊어버리고 순수한 자아로 돌아가는 경험을 한다.

소통: 다른 것끼리의 교류(고립감과 폐색감에서 벗어나는 치유, 낡은 자아의 틀에서 벗어나 창조적 융합을 이루는 영감)

예술은 스스로를 고립시키기도 하지만, 궁극적으로는 차원 높은 소통을 꿈꾼다. 현대 예술과 달리 본디 예술은 물아일체의 경지를 추구하는 성향이 강했다. 또한 예술은 스토리를 통해 오래도록 소통을 실현해왔다. 인간의 이야기 본능을 만족시키면서 역사를 보존하고 스스로를 지켜왔다. 폭스바겐과 같은 선도적인 자동차 업체는 체험 테마 단지를 만들어 고객과의 차원 높은 소통을 실현한다. 그들은 자동차를 파는 과정마저 경이로운 쇼로 바꾸고 자신의 미래 가치를 멋진 스토리로 만들어 고객들이 몸으로 느낄 수 있도록 하고 있다.

즐거움: 일상을 즐기는 유머(거칠고 삭막한 일상을 윤택하게 해주는 치유, 어떤 속박에도 얽매이지 않는 자유의 영감)

예술의 생물학적 뿌리는 유희 본능이다. 그러나 유희는 IQ 사회에서 엄청난 탄압과 천대를 받았다. 유희는 비생산적이고 소모적이며 심지어 반사회적이라는 낙인까지 찍히기도 했다. 그러나 예술가들은 유희를 즐긴다. 유희는 여유와 자유를 준다. 유희는 두려움을 없애준다. 유희는 세상을 전혀 다르게 바라보도록 만든다. 백남준, 폴록의 유희와 채플린의 지독한 유머를 통해 우리는 유희의 위대한 힘을 느낄 수 있다. 3M, SAS 같은 기업들은 유희적 기업 문화를 통해 그 어떤 기업도 따라올 수 없는 인상적인 성과를 내고 있다. 버진 그룹의 리처드 브랜슨은 카리스마 넘치는 리더십으로 잭 웰치에 비교된다.

하지만 그의 가슴속에 감춰진 전략적 본질은 '유희' 다. 버진의 고객
들은 상품을 구매한다기보다는 유희 체험에 대가를 지불하고 있다.

본질은 단순하다, 그것은 아름답다 –
애플의 '미학'

나는 애플 제품을 볼 때마다 조각 전시장에 들어간 것 같은 느낌을 받는다. 단순하고, 절제되어 있다. 조각에도 종류가 많다. 예를 들어 헤라클라스 조각상은 역동적인 힘이 넘친다. 애플 제품은 그렇지 않다. 정적이고 치밀하다. 황금비와 같은 수학적 원리에 기초를 두고 있다. 적절한 질감과 느낌의 소재는 불필요한 장식을 철저히 배격한 외관으로 가공된다. 동아시아의 수묵화를 연상케 한다. 애플 아이클라우드의 아이콘이나 사과 마크도 고전적인 황금비를 따르고 있다.

인간은 본능적으로 복잡한 구조를 꿰뚫는 단순한 수학적 원리에 호감을 느낀다. 그것이 없으면 아름다움을 느끼기도 어렵고 창조하기도 어렵다. 그래서 대부분의 예술 속에는 수학이 숨어들 수밖에 없다.

가령 우리의 위대한 예술품인 석굴암 본존불에도 수학의 원리가 깊게 배어 있다. 정사각형, 정삼각형, 정육각형, 원 등 기하학의 향연이라고 해도 과언이 아니다. 그래서 인도나 중국의 불상처럼 거대하고 화려한 맛은 없지만 장엄하고 신비로운 느낌을 준다.

애플 제품이 단순해도 삭막한 느낌을 주지 않는 이유도 미적 본질에 충실하기 때문이다. 그 원리는 석굴암과 별로 다를 것이 없다. 인간의 보편적인 예술적 감성에 뿌리를 두고 있는 것이다. 애플 제품은 보기에만 예쁜 것이 아니다. 인간과 기술의 소통을 더욱 감성적으로 만든다. 바로 그것이 애플 미학의 핵심이다.

이러한 미학은 친밀하고 단순한 터치로 구현된다.

인간이 받아들이는 정보의 70퍼센트가 시각에서 비롯한다는 과학적 사실을 감안한다면 보기 좋고 세련된 외양은 확실히 중요하다. 잘 정돈된 책상, 차분하면서도 예쁘게 꾸며진 집 안을 보면 행복해진다. 아름다운 공간은 사람의 영혼에 활력을 불어넣는다.

애플 제품은 아름답다. 보는 순간 특별하다고 느낀다. 껍데기만 예쁜 게 아니라 속속들이 아름답다. 그리하여 아름다움에 대한 욕망을 자극한다.

나는 원래 워크맨 마니아였다. 조잡한 mp3 플레이어와 달리 나를 감동시키는 뭔가가 있었다. 그런데 어느 틈엔가 아이팟이 워크맨의 자리를 꿰찼다. 비밀은 손맛이었다. 손으로 툭 치는데 돌아오는 반응이 우아했다. 내가 구매한 아이팟 나노는 워크맨보다 작고 디자인도 훨씬 심플했다. 와이셔츠 주머니에 넣어도 티가 나지 않았다. 손가락으로 툭툭 치고 슬슬 돌렸더니 원하는 노래가 찾아졌다. '이야, 예술이다!' 하는 감탄사가 절로 터져 나왔다.

나는 조각을 아주 좋아하기 때문에 손으로 전해지는 느낌을 중시한다. 정이나 끌로 돌을 깎고, 진흙을 다지고 주무르면서 손으로 구체적인 형상이 잡힐 때 말할 수 없는 희열을 느낀다. 그래서 언제나 조각을 AQ의 핵심 프로그램 가운데 하나로 포함시킨다.

단순히 나 개인의 취향은 아니다. 사람은 누구나 접촉을 갈망한다. 크라운해태가 여는 최고의 국악축제인 창신제가 끝나고 나면 나는 세종문화회관 출구에 서서 관객들을 배웅한다. 어르신, 아이들 할 것 없이 악수를 하고 때론 포옹을 하려고 한다.

나는 아이패드를 보면서 애플이 접촉을 이용한 인터페이스에 얼마나 신경을 쓰는지 다시 한 번 느꼈다. 아이패드는 책과 흡사하다. 노트북을 쓸 때의 거리와 아이패드를 쓸 때의 거리를 비교해보면 알 수 있다. 노트북을 쓸 때 우리 몸은 노트북을 중심으로 맞춰진다. 아이패드는 우리 몸 안에 들어온다. 접촉이 생기는 것이다. 이것이 바로 터치 인터페이스의 위력이다.

마우스도 한때는 굉장히 쉽고 직관적이었다. 그런데 애플 외에 다른 기업들은 이런 사용 방식, 즉 사람과 컴퓨터의 친밀한 접촉의 중요성을 간과했다. 신기한 기술은 많이 개발되었지만, 그것을 쓰는 사람이 실제로 어떻게 느끼는지 제대로 생각한 곳은 애플이었다.

애플의 iOS와 구글의 안드로이드는 끊임없이 경쟁을 한다. 삼성의 갤럭시를 봐도 알 수 있듯 안드로이드의 발전이 대단하다. 점점 앞서가는 대목이 많아졌다. 하지만 손가락 끝으로 전해지는 느낌은 여전히 애플 쪽이 더 좋게 느껴진다.

애플의 성공을 이해할 수 있는 또 하나의 키워드는 '단순함'이다. MIT 미디어랩 교수를 역임했고 132년 전통의 로드아일랜드 디자인 스쿨의 총장을 맡고 있는 존 마에다는 이런 말을 했다. "사람이 진보시킨 기술이 오히려 사람을 불편하게 만드는 역설(逆說)이 어디서 왔

나? 기술이 발전할수록 통제가 어려워지기 때문이다. 왜냐? '단순함의 상실' 때문이다." - 〈조선일보〉

단순하고 직관적인 것. 세상에 애플보다 이것을 오래도록 연구해왔고 잘 만들어온 기업도 드물다.

당신이 옷 입는 방법을 가르친다고 생각해보자. 직접 해보도록 시키는 게 제일 쉽다. 다들 어려워하는 넥타이 매기도 마찬가지다. 마우스로 콕 찍고 눈으로 변화를 확인하는 사용 방식, 손가락 끝으로 직접 명령하는 방식을 애플이 제일 먼저 대중화한 것은 이런 단순함을 잘 이해했기 때문이다.

스티브 잡스는 2010년에 아이패드를 발표하면서 이렇게 말했다.

"애플은 기술과 인문학의 교차점 위에 있다."

단순함에 대한 애플의 집착은 병적인 수준이다. 가령 펜이 있으면 정교한 그림을 그릴 수 있고 편하게 글씨를 쓸 수 있다. 하지만 꺼내야 하고, 보관해야 하고, 잃어버릴까 신경 써야 해서 펜을 넣지 않는다. 이런 극단적인 집착이 애플 사용자를 팬으로 만드는 게 아닌가 싶다.

하지만 잡스가 사망한 이후 애플은 매우 심심해졌다. 왜 그럴까? 자신들의 제품 앞에서 어린아이처럼 흥분하는 리더가 없기 때문이다. 애플의 마케팅 책임자인 필 실러, 디자인 수석 조너선 아이브, CEO인 팀 쿡 모두 점잖은 어른들이다.

잡스는 언제나 애플 제품에 13살 사내아이처럼 열광했다. 그는 애플의 최고 제품 사용자였다. 특히 잡스는 늘 매킨토시를 자랑스럽게 언급했다. PC산업을 바꾼 위대한 제품이라고 늘 치켜세웠다. 매킨토시를 처음 소개하는 1984년의 키노트에서, 그는 자랑하고 싶어서 안달이 난 어린아이처럼 보인다.

애플에 열정적인 팬이 많은 이유는, 어쩌면 제품 자체보다 기업과 잡스의 스토리 때문일 수도 있다. 애플의 디자인만이 전부는 아니다. 만약 애플 브랜드가 퇴락한다면 잡스 같은 예술가가 사라졌기 때문일지도 모른다.

잡스는 나에게 소중한 케이스스터디 모델이었다. 잡스와 애플은 인간의 몸에 가장 잘 어울리는 유저인터페이스로 고객의 우아함에 대한 갈망을 충족시키고 새로운 창조의 장을 열었다. 나는 그를 보며 전사와 예술가의 차이가 얼마나 큰가를 알게 됐다.

애플은 평범한 대기업으로 변해가고 있다. 잡스는 마치 종교의 창시자나 신화 속 영웅과 같은 '스토리'처럼 살다 간 인물이다. 초기 애플 마니아들은 마이너 중에서도 마이너이지만, 고된 '시련'을 견디고 살아남아서 애플을 지켜내고 여기까지 끌고 왔다는 자부심이 대단하다.

그러나 팀 쿡에겐 그러한 자원이 없다. 그는 자신이 만든 제품에 대한 자부심이나 열정도 강해 보이지 않는다. 팀 쿡의 프레젠테이션이 별로 재미가 없는 이유는 바로 그 때문이다. 그는 생산 공정 관리로 커리어를 쌓은 경영자이지 제품의 열혈 마니아나 창조자가 아니다.

팀 쿡은 포드의 이미지를 연상케 한다. 실제로 포드와 애플은 공통점이 있다.

"어떤 색깔이건 괜찮습니다. 단 검정색이면 됩니다."

포드의 모델T는 단순했다. 때문에 경쟁업체인 GM은 다양한 브랜드 라인업으로 승부를 했다. 애플 제품의 단순한 라인업에 삼성전자가 극단적일 만큼 다양한 제품 라인업으로 대응하는 것과 흡사하다. 포드가 GM에 주도권을 내어준 것처럼 애플도 그렇게 될까? 애플이 과도하게 단순함에만 집착하여 통제에 대한 욕망에서 헤어나지 못한다면 패배는 필연적이다.

그러나 애플이 쇠락하건 그렇지 않건, 삼성이 흥하건 그렇지 않건 미학적 욕망은 계속해서 강해질 것이다. 고객은 날이 갈수록 복잡한 환경 속에서 살아가야 하기 때문이다. 인간의 몸이 과거에 자연과 야만적인 전쟁의 위협을 받았다면 이제는 기술로 인해 학대받고 있다.

고도의 질서와 규칙성을 간파한 순간 우리는 아름답다고 느낀다. 무엇인가 손아귀에 잡히고 평온하면서도 강렬한 느낌. 우리는 단순함에 대한 추구를 통해 외적 질서와 내적 평온함을 되찾는다. 단순하고 아름다운 삶에 대한 갈증은 폭증할 수밖에 없고, 그것은 폭넓은 비즈니스 기회를 만들어낼 것이다.

완전히 빠져들게 하라 –
디즈니랜드의 '몰입'

2007년 내가 빈 병을 가지고 처음 작품을 만들 때였다. 아주 뜨거운 화로에서 붉은 빛이 감돌 만큼 달궈진 병을 보며 나는 바싹 긴장했다. 두툼한 안전장갑을 끼고 잡은 집게로 병을 조심스럽게 돌리고 늘이고 살짝 비틀어주었다. 마치 의사가 된 기분이었다. 병은 내 뇌리에 그려진 그림처럼 변해갔다.

황홀했다. 화로의 빛에, 병의 빛에 내 마음을 모조리 빼앗겨 버린 것이다. 모든 근심과 걱정, 분노, 의문, 고민이 사라지고 오직 남은 것은 하나. 내가 만들고 있는 유리병의 새로운 모습이 나를 사로잡고 있었다.

내가 창조자인 것인지 유리병이 나를 뒤틀고 녹여버린 것인지 알 수 없었다. 정말이지 오래도록 그리워했던 안온함과 평화로움을 맛보았다.

뭔가에 완전히 빠져드는 것, 완벽한 집중을 이뤄내는 것. 모든 인간은 본능적으로 몰입에서 쾌감을 느낀다. 그것은 위대한 성취를 낳을 뿐만 아니라 황홀한 매혹에 우릴 빠져들게 한다. 몰입은 사랑이다. 사랑에 빠진다는 것은 어떤 아름다운 말로도 표현할 수 없는 황홀한 체험이다. 사랑에 빠진 이를 보는 것 역시 가슴 설레는 일이다.

나는 지금도 가끔 빈 병을 녹여 무언가를 만들 때마다 도자기 장인이라도 된 것 같은 황홀함을 느끼곤 한다. 내 작품에서 맑은 흙의 소리를 들을 수는 없지만 그것을 만들 때 느낀 황홀함 그 자체만으로도 충분히 보상이 된다.

그저 돈을 받고 물건만 건네주는 일은 황홀하지 않다. 매혹시키는 그 무엇, 제품이 되었건 아니면 일을 하는 모습이건 우리는 몰입을 기대한다. 사랑에 빠지고 싶고, 위대한 창조의 기운을 느끼고 싶기 때문이다.

몰입은 기능적 순수함, 가치적 순수함에 대한 열망이라고도 할 수 있다. 아주 작은 것에 몰입함으로써 모든 번잡한 요소를 잊고 생산적인 에너지를 회복하거나 극한의 성과를 달성하게 된다. 우리는 늘 복잡하고 번잡한 삶에 시달린다. 그것은 상식적이고 속세적이며 통념적인 삶이다. 필연이기도 한다.

'미치도록 빠지고 싶다.' '미쳐야 미칠 수 있다.' 그래서 적잖은 현대인들이 알게 모르게 '중독자' 혹은 '마니아'로 살아간다. 그들은 예술가의 몰입을 배우고 경험하고 싶어 한다. 맹목적이라 할 만큼 한 분야를 파고든다.

인간은 항상 무언가 몰입할 수 있는 대상을 찾는다. 몰입은 창조 행위 그 자체라고 해도 과언이 아닐 만큼 매력적이다. 멍하니 무언가에 중독되기도 하고, 세상과 단절하여 자신과 대상 둘만의 세계에서 위대한 창조를 추구한다. 무언가에 몰입하면서 스스로의 정체성을 추구하기도 한다. 불안감을 잊기도 한다. 몰입을 통해 무언가를 이뤄냈을 때의 쾌감은 마치 창조주가 된 듯한 착각을 불러일으키기도 한다.

왜 현대인은 무언가에 빠져들고 싶어 하는 것일까? 먹고살기 급급하고 자손 남기는 것도 쉽지 않았던 옛날과 달리 우리는 지금 풍요로운 환경에서 살아간다. 산만하기 그지없는 환경에서 스트레스를 받는 현대인은 점점 더 창조적인 몰입을 갈망한다. 하지만 소모적이고 퇴행적인 중독 상품이 이를 악용하고 있다.

기업들은 고객들의 이런 반응을 보며 반성을 해야 한다. 건강한 고객이 건강한 시장과 번영하는 기업을 만들어낸다. 창조적 몰입의 설계는 기업이 할 수 있는 가장 큰 사회 공헌일 것이다.

하지만 이는 쉽지 않은 도전이다. '몰입'은 더 큰 차원의 설계와 전략적 고민이 필요한 창조 감성이라 할 수 있다. 이는 디즈니랜드를 보면 알 수 있다.

디즈니랜드는 세계에서 가장 거대하고 정교하고 현실감 넘치는 '가상현실 세계'라고 할 수 있다. 디즈니랜드는 철저히 고립된 공간에 건설되어 있다. 일단 그곳에 들어가면 현실을 잊을 만큼 디즈니랜드는 정교하게 설계되어 있다.

몰입에 방해가 되는 요소는 모두 배제해야 한다. 디즈니랜드처럼 현실과의 차단선을 만들기도 해야 한다. 게임처럼 속도감이나 단순성을 높여서 현실을 잊게 할 수도 있다. 고객을 지치게 해서도 안 된다. 휴식마저도 전략적으로 계산된 메커니즘에 따라 이뤄질 수 있어야 한다. 어디선가 비슷한 걸 봤다는 생각도 들지 않게 해야 한다. 차별화 요소에 초점을 맞추기 위해 경쟁자나 잡음을 차단해야 한다.

　그 모든 시작은 스토리다. 깊은 공감을 불러일으키는 강력한 '이야기'가 없다면 디즈니랜드는 시작되지도 못했을 것이다.

　월트 디즈니가 놀이공원을 구상했던 것도 팬들이 영화 스튜디오를 구경하고 캐릭터를 만나 함께 사진을 찍고 싶어 했기 때문이다. 그런데 막상 디즈니 스튜디오에는 미키마우스의 흥미진진한 모험 이야기를 본 팬들을 만족시켜줄 만한 구경거리가 없었다. 결국 디즈니는 '미키 마우스 공원'을 세우기로 결심했다.

　완벽한 가상세계를 연상케 하는 지금의 디즈니랜드와 비교해보면 무척 소박한 구상이었다. 디즈니랜드에서 누군가 공주들에게 "여기서 퇴근하면 뭐해요?"라고 물어보면 "왕자님과 무도회장에 간답니다."라고 대답한다. 여러 나라에 있는 디즈니랜드 중 한 곳에 백설공주가 나타나면 다른 곳에서는 사라진다는 얘기도 들린다. 왜냐하면 이 세상에 백설공주는 단 하나이기 때문이다.

　디즈니랜드는 말 그대로 꿈의 구현이다. 어린 시절부터 늘 알고 즐겼던 애니메이션 캐릭터의 이야기가 눈앞에 펼쳐진다. 청소부조차 한 사람의 연기자처럼 보인다. 디즈니랜드는 고객이 놀이공원이 아니라 애니메이션 속으로 들어왔다고 느끼도록 만들기 위해서 자신들을 '출연자'로 부르고, 고객은 '관객'으로, 유니폼은 의상costume으로, 각자의 직무는 '배역'이라고 부른다.

　그들은 TV나 극장에서는 절대 불가능한, '관객'과의 깊은 교감을 보여준다. 이 점이 단순한 놀이공원이나 오감자극 체험과 디즈니랜드를 구별하는 요소다. 디즈니랜드를 방문한 고객들은 감동적인 교감의 에피소드를 주변에 알리는 일이 많다.

정신적으로 피폐해 있던 한 아이는 자해 습관 때문에 얼굴이 온통 상처투성이다. 그 아이는 피터팬을 너무나 좋아해서 가족과 함께 디즈니랜드에 갔다. 소녀는 진짜 영화 속의 주인공처럼 열광했다. 가족들이 당황할 정도였다. 그때 피터팬이 아이 앞에 한쪽 무릎을 꿇고 이렇게 말했다.

"오, 공주님의 이 상처! 해적들을 잔뜩 무찌르셨군요!"

그러고선 무릎을 꿇고 손에 키스를 하고, 꼭 안아주며 귓가에 속삭였다.

"넌 정말 예쁜 아이란다. 부디 얼굴에 상처를 내는 일은 그만하렴."

이처럼 디즈니랜드의 판타지는 뭔가 다르다. 몰입도 면에서 중독성 높다는 게임과 견줘도 결코 뒤지지 않는다. 그런데 다른 점이 있다. 현실로 이어진 강력한 '가치의 끈'이 그것이다.

디즈니랜드의 모든 게임과 시설과 운영 방식은 가족, 친구, 사랑이라는 가치를 실현한다. 행복한 인생, 가치 있는 인생, 즐거운 인생의 비밀은 다름 아닌 우리가 일상에서 늘 부대끼는 사람들과 함께하는 데 있다는 사실을 모든 면에서 실현한 것이 디즈니랜드다.

도쿄 디즈니랜드의 수도꼭지는 아빠와 딸이 서로의 얼굴을 마주보며 마실 수 있도록 높은 것과 낮은 것을 세트로 붙여 놓았다. 돌아다니다가 물을 마시며 서로의 얼굴을 보면 저절로 웃음이 나올 수밖에 없다. 그렇게 웃는 순간 그들은 서로 싸우고 미워하고 원망하던 부녀

관계가 아니라 판타지 세계 속에서 함께 모험을 하는 '동료'가 된다. 서로를 대등하게 바라보며 존경하고 배려하는 관계가 되는 것이다.

디즈니랜드가 세계적으로 거의 독보적인 위치를 점하는 까닭은 이처럼 비일상적인 판타지와 현실의 가치를 완벽하게 결합시켰기 때문이다. 일반적으로 판타지의 세계를 떠나면 그곳이 그립고 또 가보고 싶다. 하지만 디즈니랜드는 그렇지 않다. 거기에 다녀오면, 현실이 괴롭고 지긋지긋한 게 아니라 인생이 즐거워지기 때문이다.

AQ 경영으로 승리하라

창조란 결국 노는 것이다 -
구글의 '유희'

심리학자 칼 융이 이런 말을 했다.

"창조하는 마음은 대상과 함께 논다."

구글은 비즈니스를 '놀이판'으로 만드는 기업이다. 그들은 새로운 알고리듬으로 만든 검색엔진으로 주목받은 작은 회사였다. 구글이 지금의 위치에 오를 거라고 생각한 사람들은 별로 없었을 것이다. 단순히 검색에만 의존하고 포털의 길로 나아갔다면 주목받을 일은 없었을 것이다. 하지만 그들은 그래피티 아티스트처럼 거리의 고객과 함께 숨쉬고, 고객이 구글의 공간에서 마음껏 자유를 누리며 창조할 수 있는 플랫폼을 개발하였다.

구글은 즐겁다. 유쾌하다. 자유롭다. 그들은 노골적으로 이러한 특성을 드러내고 추구한다. 일하는 방식에서부터 서비스 상품, 비즈니스 전략까지 이토록 일관되게 '유희'를 추구하는 곳은 드물 것이다.

나는 그들의 전략과 행동을 존경한다. 그들이 추구하는 유희의 힘을 온몸으로 실감했기 때문이다.

그들의 비즈니스는 내 손자들의 놀이와 흡사하다. 손자 녀석들은 천사이자 최고의 놀이꾼이고 하늘이 내려준 예술가들이었다. 무슨 말로도 시와 노래를 만들고, 온 세상이 그림판이며, 어떤 물건도 그저 내버려두는 법이 없었다. 아이들은 칼 융의 표현 그대로 원형이었다. 손자들을 보며 창조와 예술은 뿌리 깊은 인간의 본능임을 확신하게 되었다.

'그래, 비즈니스도 저래야지.'

사실 즐거움, 유희에 대한 갈망은 생물학적인 본능이다. 수족관에 갇힌 돌고래들은 거품으로 원을 만들며 유유자적 즐거움을 누린다.

구글의 창업자인 래리 페이지와 세르게이 브린은 몬테소리를 다녔다. 몬테소리의 교육철학은 아이가 하고 싶은 게 있으면 그대로 하도록 격려하는 것이다. 래리와 세르게이는 거대한 IT기업을 소유하고 있으면서도 그렇게 한다. 특히 래리 페이지는 돈키호테처럼 특이한 아이디어를 추구하는 데 주저함이 없다. 그들은 몬테소리 여사가 가장 원했던 전형적인 몬테소리 아이들이다.

'어린이들이 자유로워질 수 있는 것은 오직 자신의 활동을 통해서만이 가능하다.'

애플이나 삼성을 장난감으로 대치한다면 무엇이 떠오를까? 아마도 쉽사리 떠오르지 않을 것이다. 구글은 어떨까? 구글은 레고를 좋아한다. 레고는 구글이라는 회사의 정신적 원형일 수도 있다. 창립 CEO인 래리 페이지는 대학 시절에 레고 블록으로 잉크젯 프린터를 만들기도 했다. 구글의 첫 번째 서버를 담은 케이스는 다름 아닌 레고 블록으로 만들어졌다.

구글은 태생적으로 어린아이처럼 놀기를 좋아하는 기업 문화를 갖고 있다. 대표적인 모바일 운영체제인 안드로이드에서도 구글은 유희적 전략을 쓰고 있다. 누구나 가져다 쓸 수 있다. 애플은 남에겐 개방하지도 않고, 외부 회사의 프로그램은 하나하나 따지고 검사를 한다.

구글은 자유와 호기심, 즐거움을 지향한다. 애플 제품을 즐기려면 언제나 돈이 필요하지만 구글은 그렇지 않다. 그 힘은 어디에서 나오는가? 광고다. 사용자들은 유튜브 영상을 볼 때도, 검색 결과를 클릭하여 특정 사이트에 접속할 때도 구글 광고에 노출된다.

구글 수익의 90퍼센트 이상은 광고에서 나온다. 100억 달러가 넘는 막대한 광고 수익은 구글이 보유한 강력한 검색 기술의 뒷받침을 받고 있다.

하지만 뭐니 뭐니 해도 역시 구글이 보유한 최고의 무기는 유튜브다. 사용자들의 창조성이 마음껏 발휘될 수 있는 자유롭고 열린 공간인 유튜브는 인터넷 역사상 가장 강력한 '창조의 플랫폼'이 아닐까? 각종 지식 채널, 방송 콘텐츠의 유통까지 아우른 말 그대로 '영상 콘텐츠의 백화점'이다. 아이튠스 스토어보다 즐겁고 생생하고 강력하다.

싸이의 강남스타일 뮤직비디오는 2013년 봄 기준으로 거의 20억에 가까운 조회 수를 기록하고 있다. 이런 붐을 일으킨 원동력은 세계 곳곳에서 올라온 패러디 영상물이었다. 가족, 친구, 회사, 공공조직, 심지어 군인들까지 패러디 영상을 만들고 배에서부터 백악관까지 장소도 가리지 않을 만큼 다종다양한 사용자 버전의 강남스타일이 유튜브를 통해 공개되고 공유되었다.

하루에 40억 개 이상의 영상이 흘러 다니는 이 거대한 '세계'를 타임지는 '영상 업계의 월마트'라고 불렀다. 사실상 없는 것이 없기 때문이다.

구글의 이런 힘은 '인재'에서 나온다. 피카소가 이런 말을 했다.

"모든 어린아이는 예술가다."

구글에는 퍼즐 챔피언에서 운동선수, 의사, 산악인까지 첨단 정보 기술 기업에 어울리지 않는 직원이 무수히 많다. 기업 문화도 유희적이다. 직원들은 의무적으로 놀아야 한다. 근무 시간의 일정 부분은 회사 업무와 무관한 개인사에 써야 하고, 그 성과를 회사에 제출해야 한다.

경영학자들은 "구글이 도대체 앞으로 무엇을 할지는 구글도 모를 것"이라고 말한다. 그들은 무인자동차도 만들고 달 탐사 계획에도 자금을 대고 있다. 그럴 수밖에 없다. 구글이 아니라 고객이 하고, 구글이 채용한 사람들이 즐거워서 놀이판을 벌이는 것이기 때문이다. 구글은 한 가지를 분명히 하고 있다. 놀이판을 벌이고, 규칙을 정하고, 참가 제한을 없애는 것이다.

애플은 창립자인 잡스의 기업이다. 여느 기업보다 훨씬 비밀도 많고 뭔가 폐쇄적인 느낌을 준다. 하지만 요즘처럼 급변하는 세상에서 폐쇄성은 단순하고 평온한 안식을 줄 수 있다. 골치 아픈 것까지 알 필요 없고 눈앞에 보이지도 않으니까 마음이 편하다. 조용한 갤러리에 들어간 느낌이랄까.

반면 구글은 대형마트를 연상시킨다. 온갖 물건을 가져다 놓고 판다. 자기들도 만들고 남의 물건도 가져다가 판다. 운영체제인 안드로이드만 놓고 보자면 구글은 '살아남을 녀석들만 살아남아라' 라는 진화론 실험을 하는 게 아닌가 싶다. 애플이 처음부터 표준을 만들고 정연한 미학에 따라 제품과 서비스를 가다듬는다면 구글의 표준은 난장판에 가까운 경쟁 속에서 불쑥 창발하는 것이 아닌가 한다. 유쾌한 놀이로 시작되었지만 사뭇 섬뜩하다.

고객은 유쾌한 기업을 보며 즐거워할 것이다. 인간은 본능적으로 살벌하고 딱딱한 것보다는 유쾌하고 가벼운 것을 더 좋아하니까. 구글 이외에도 버진 그룹과 같은 유쾌한 회사들이 더 많은 아이디어와 고객을 가져가게 될 것이다. 이러한 경향은 점점 더 강해질 것이다. 성장 가능성을 보여준다는 주식시장에서 애플보다 구글의 주가가 더 높은 까닭도 여기에 있지 않을까 한다.

천상의 오케스트라를 이끄는 지휘자 – 할리데이비슨의 '초월'

몇 년 전, 도로에서 아주 육중한 오토바이를 보았다. 외관도 멋졌지만 무엇보다 라이더에게서 굉장한 자부심이 느껴졌다.

"부웅!!"

배기음도 어딘지 모르게 음악적이었다. 나도 여건만 된다면 그 라이더처럼 할리데이비슨을 타고 우리 강산 곳곳을 누벼보고 싶다는 마음이 절로 들었다.

오토바이는 독특한 기계이다. 바퀴와 조종간, 좌석, 엔진이 있다는 면에서 자동차나 다를 것이 없지만 라이더가 바깥에 노출된다. 자동차의 보호막이나 격리 기능이 오토바이엔 없기 때문에, 우리는 낯선 곳으로 나아가는 과정 그 자체를 온몸으로 직접 즐길 수 있다.

오토바이와 자동차의 역사는 거의 비슷하지만, 꾸준한 발전 속에서 자동차는 점점 더 세상과 사람을 두툼한 장막으로 격리해왔다. 에어백과 같은 직접적인 안전장치도 있지만 에어컨과 히터처럼 자연 환경으로부터 인체를 보호해주는 장비도 달았고, 라디오와 고성능 스피커, 심지어 TV 등 영상장비까지 갖춘 자동차도 많다.

오토바이는 기껏해야 헬멧과 라이더 장비 및 복장이 전부라 해도 과언이 아니다. 기계의 힘과 특성, 기계의 강력한 힘에 대한 반작용으로 거친 바람을 라이더는 직접 느끼게 된다. 또한 자동차는 많은 경우 다른 사람과 함께 타지만 오토바이는 혼자서 탈 때가 더 많은 극히 개인적인 기계이다.

할리데이비슨은 이런 개인적 체험이나 소규모 집단의 '일탈'을 초월적인 예술 퍼포먼스로 바꿨다. 이 오토바이를 타는 라이더들의 충성도는 상상을 초월한다. 몇 십만 명이 모여서 할리데이비슨 회사의 창립을 축하하는 오토바이 축제를 열 정도다. 브랜드에 대한 자긍심도 대단해서 회사의 로고를 문신으로 새기는 이들도 많다.

할리데이비슨 경영진은 라이더 개개인의 정체성과 자긍심을 깊이 존중하며 함부로 간섭하지 않는다. 그들은 할리데이비슨 소유자 그룹Harley-Davison Owners Group, HOG을 조직하던 초창기부터 매우 조심스럽게 유도등을 켜고 안내했을 뿐 경찰이나 도덕 교사처럼 규제나 훈시를 늘어놓지 않았다.

어느 문화권에서건 초월에 대한 갈망은 보편적으로 드러난다. 할리데이비슨은 현대 미국의 역사 속에서 오토바이라는 기계를 매개로 형성된 뿌리 깊은 문화적 정체성을 살짝 건드려준 것이 성공의 핵심 포인트였다.

할리데이비슨은 1960년대 말까지만 해도 세계 최고 수준의 오토바이 회사였다. 포드 자동차가 도로를 누비는데, 경찰들은 할리데이비슨을 타고 순찰을 했다. 세계대전 때는 수만 대의 모터사이클을 연합군에 납품했고, 1950년대에는 미국의 도로를 점령할 정도였다.

그런데 1960년대 들어 할리데이비슨은 점점 더 남성 마니아 고객에 초점을 맞췄고 범죄를 저지르는 깡패들마저 할리데이비슨을 타기에 이른다. 사람들의 인식이 점점 나빠지는 틈을 비집고 일본 기업 혼다가 여성들과 노인들을 파고들었다. 비록 성능이 떨어지는 스쿠터였지만 저렴하고 안전해서 크게 히트를 쳤다. 시장의 힘이 얼마나 무서웠는지, 1969년 할리데이비슨은 다른 기업에 인수되었고, 오토바이가 잘 안 팔리니 골프카트까지 만드는 신세로 전락해버렸다.

1970년대 내내, 퇴락하고 혼돈에 빠져든 미국 경제와 함께 할리데이비슨도 바닥없는 나락으로 떨어진 것이다.

상황을 뒤엎은 것은 창업자 윌리엄 데이비슨의 손자인 윌리 G. 데이비슨이 이끈 13명의 투자자들이었다. 그들은 1981년에 AMF로부터 회사를 인수한다. 그리고 '독수리는 홀로 날아오른다The eagle soars alone' 는 비장하고 아름다운 캐치프레이즈와 함께 회생 작업에 돌입했다.

1984년에 출시된 에볼루션 엔진은 결함률 1퍼센트 미만이라는 경이적인 퀄리티를 뽐내며 할리데이비슨의 품질에 대한 기존의 불만과 불신을 완전히 일소해버렸다. 1986년부터 2006년까지, 무려 21년 동안 할리데이비슨은 최고 매출 기록을 거듭해서 갱신했다. 21세기에 들어서는 '숙명의 라이벌' 이었던 일본의 혼다를 능가하기에 이른다.

이러한 원동력은 어디에서 비롯됐을까?

그들은 품질과 생산성을 혁신하는 데도 전력을 다했지만 무엇보다 오토바이가 줄 수 있는 놀라운 체험에 주목했다. 예전처럼 깡패나 히

피가 타는 오토바이가 아니라 모터사이클링이라는 특별한 체험을 통해서 고객들의 꿈을 실현시켜주는 회사라는 가치를 만들어낸 것이다.

처음 시작은 레이건 시대의 '위대한 미국의 부활'이라는 시대적 멘털리티와 무관하지 않았을 것이다. 일본의 공습에 무너졌던 미국의 기업이 다시금 일어섰다는 것, 강인한 남성성이 상처를 치유하고 부활하려 한다는 것이 강한 동기부여를 했을 거라고 나는 추측한다.

하지만 할리데이비슨 경영진은 '과거의 영광'을 부활하는 데 머물지 않는 현명한 판단을 한다. 무조건적인 반항 이미지, 탈법, 마초적 강인함만으로는 충분한 고객 기반을 확보할 수 없다는 것을 오랜 실패 속에서 깨달았던 것이다. 그래서 '꿈'이라는 보편적이면서도 초월적인 가치, 서로에 대한 존경심, 대외적인 자긍심을 지속적으로 강조하고 집단적인 멘털리티로 만들어내려고 꾸준히 노력했다.

할리 소유자 그룹Harley Owners Group은 바로 그렇게 해서 만들어졌다. 거의 200만에 육박하는 글로벌 스케일의 고객들이 오직 할리데이비슨 오토바이를 소유한다는 이유 하나로 강력한 유대감을 느끼며 하나로 뭉친 것이다.

할리 소유자 그룹은 그저 제품 소비를 촉진하기 위한 마케팅 수단이 아니라 라이프스타일의 구현에 복무한다. 할리데이비슨이 기업 차원에서 세심한 배려와 지원을 하는 것은 사실이다. HOG의 각 지부는 공식 딜러의 후원을 받아야만 한다. 이처럼 기업이 HOG의 운영을 책임지고 있다지만 사실상의 주인이자 주도자는 소유자들 자신이다. 경영진도 소유자 개인으로서 참가한다는 의식이 강하다.

이 그룹이 조직된 것은 1983년이다. 고객, 회사, 종업원 사이의 유대를 강화하기 위함이었다. 할리데이비슨은 미국적인 자부심을 전면에 내세우기를 주저하지 않는다.

HOG 멤버들은 단순히 할리데이비슨을 소유하고 있는 이들에 비해 30퍼센트 이상의 금액을 더 쓴다. 옷을 비롯한 각종 장신구, 장비에 부착하는 여러 부가 옵션 등에 그만한 지출을 한다. 멤버들만을 위한 상품을 출시해도 충분히 수익이 나올 만큼 그룹의 규모와 충성도가 높다.

할리데이비슨 경영진은 무법자 혹은 악동 이미지에서 시작된 자발적인 고객들의 운동을 수십 년에 걸친 노력으로 변화시켰다. 그 방향은 명백히 탈속적이고 초월적이다.

그들 중에는 말도 안 되는 소송을 처리하느라 탈진 상태에 빠진 변호사도 있다. 주주들의 압박에 시달리다 결국 사표를 던져버리고 가족들과의 시간을 선택한 전직 CEO도 있다. 인도의 방갈로르에 사는 프로그래머에게 일자리를 빼앗겨버린 IT 종사자도 있다. 예전 같았다면 할리데이비슨을 탄 이들은 술집 하나를 통째로 전세 내어 난장판을 만들었을 것이다. 짙은 시가 연기에 가운뎃손가락을 뻗쳐 올리고 술을 들이켜는 것이 그들의 문화적 아이콘이었을 것이다. 그들은 마음 깊은 곳에 사회와 세상에 대한 적대감을 갖고 있는, 일종의 루저 커뮤니티가 될 수도 있었다.

할리데이비슨 경영진은 바로 이러한 사람들의 에너지와 열망을 '초월성'으로 변화시켰다. 그들의 현명함과 비전은 오랜 세월 동안

AQ 경영으로 승리하라

칭송받아 마땅하다. 그들은 할리와 데이비슨의 오토바이에 대한 순수한 사랑이 갖는 의미를 인간 욕망의 뿌리까지 캐 들어가는 탐구를 통해 새롭게 해석한 것이다.

현실의 무게가 커지면 커질수록, 사람들은 초월을 열망한다. 하지만 꿈이나 비전은 상징 조작이나 광고, 공허한 선포에 그치기 쉽다. 작지만 구체적인 조치를 꾸준히 실행하는 뚝심이 중요하다. 현실을 과감하게 넘어서는, 가슴을 뜨겁게 하는 이상이야말로 초월적 영성에 대한 열광을 부른다. 그런 이상에 부합하는 작지만 매우 실질적인 행동 프로그램을 통해 할리데이비슨은 성공한 것이다.

창조란 낯선 것들의 소통이다 –
레고의 '소통'

나는 레고를 좋아한다. 애처럼 레고나 갖고 노느냐고 웃을지도 모르겠다. 이렇게 말하면 좀 그렇지만, 나 같은 어른들이 레고의 엄청난 '돈줄'이다. 성인 고객층이 만들어내는 레고 작품은 비유가 아니라 문자 그대로 예술이다.

2010년, 남아공에서 월드컵이 한창일 때 인터넷에 레고로 만든 월드컵 축구경기 영상이 올라왔다. 제작자는 독일의 레고 마니아였다. 대충 흉내만 낸 것이 아니라 현장 중계 오디오에다 골 세리머니까지 실제 경기와 완벽하게 매치될 정도로 디테일에 충실했다.

레고는 세계 곳곳에 숨은 이런 고수와 달인들을 잘 활용한다. 아니다. 레고는 고객과 함께 제품을 개발한다. 고객을 관찰하거나 연구하는 것이 아니라 직접 회사에 출근하게 한다. 상황이 이러하니 활용이란 단어는 정확하지 않겠다. 모시고 배운다고 말해야 의미가 통하지 싶다.

레고는 농사용 연장을 만들던 목공소 주인 올레 크리스티얀센이 자식들과 주변 아이들을 위해 만든 나무 장난감이다. 100년 이상을 승승장구하던 레고는 1980년대에 들어 위기를 맞는다. 첨단 IT기술의 발전 때문이었다.

　레고의 주 고객인 아이들의 관심이 '유치한' 장난감이 아니라 게임에 쏠렸다. 설상가상으로 경영진도 잘못된 선택을 했다. 시장 환경 변화에 대처한다면서 전략적 고민 없이 영화나 게임에 투자를 했다가 쓴맛을 봤다. 스스로의 장점을 살리지 못하고 상황에 휩쓸리는 것은 기업이 망하는 전형적인 '징후' 다.

　레고는 갈림길에 서 있었다. 망할 것인가, 혁신할 것인가? 갈림길에서 고심 끝에 내놓은 제품이 마인드스톰이었다. MIT와 공동으로 개발한 소프트웨어로 구동하는 이 로봇은, 레고가 가진 조립의 재미에 소프트웨어 프로그램을 이용한 동작 구현을 더한 것이다. 이를 통해 레고는 저절로 작동하는 레고라는 새로운 시장을 노리고 있었다. IT기술을 접목한 첨단의 이미지로 낡은 이미지를 바꾸고, 기존의 어린이 시장을 넘어 성인층까지 노려보겠다는 심산이었다.

　그런데 엉뚱한 일이 벌어졌다. 시판 당시 일주일도 안 돼 한 학생이 소프트웨어를 해킹하고 설계도인 소스코드를 인터넷에 공개한 것이다. 그러자 레고 마니아들이 맘대로 프로그램을 바꿔서 자기만의 마인드스톰을 만들기 시작했다. 레고 회사가 설정한 애초의 움직임 말고 다채로운 동작이 가능한 소프트웨어가 네트워크를 통해 빠르게 공유됐다.

　레고 경영진은 격분했다. 마인드스톰의 소프트웨어 기술은 시장 주도권을 회복하려는 전략의 핵심적 기반이었다. 기존의 레고 하드웨어에 다양한 동작 능력을 첨가하는 소프트웨어를 첨부하여 상품성을 대폭 높여보겠다는 구도가 산산조각 난 것이다.

레고는 소프트웨어를 크게 바꿔 인터넷에 돌린 사용자에게 항의문을 보내고 법적 소송까지 검토했다. 하지만 상황은 달라지지 않았다. '피해자' 인 레고에 대한 고객들의 반감까지 생겨났다. 레고 그룹으로서는 억울한 노릇이었다. 하지만 다행스럽게도 그들은 고객의 흐름에 저항하는 악수를 두지 않았다.

레고는 고객을 연구하기 시작했다. 레고는 라틴어로 '나는 공부한다, 나는 조립한다' 는 뜻으로 풀이되는데, 창업 초기부터 그들은 주 고객층인 어린이들을 늘 연구하고 그들과 교류해왔다. 레고의 어린이 전담 커뮤니케이션 인력은 가정, 학교, 동네 등 아이들이 가는 곳이면 어디든 찾아가서 관찰하고 이야기를 나눈다.

레고는 이런 소통을 어린아이에서 어른으로까지 확장하기 시작했다. 그를 통해 레고의 어른 팬들이 전혀 새로운 니즈를 갖고 있다는 점을 깨닫게 되었다. 세상엔 '놀기 좋아하는 어른들' 이 많았고, 그들의 마음을 얻지 못한다면 레고는 도약할 수 없다는 점이 분명해졌다. 마인드스톰은 말 그대로 그들의 마인드에 폭풍(스톰)을 일으켰다.

레고 경영진은 IT기술이 가진 강한 확산성과 보편성에 주목했다. 과거처럼 거대한 기계 장비가 아니라 값싼 컴퓨터 한 대만 있어도 국가의 기간시설을 망가트릴 수 있는 것이 IT기술의 특징이다. 컴퓨터는 자동차의 가격이 올라가는 것과는 반대로 더 강력해지면서도 더 저렴해졌다.

우리는 해킹 하면 네트워크의 보안을 뚫고 저지르는 도둑질을 연상한다. 이것은 오해다. 해킹은 주로 IT제품의 숨겨진 기능을 자유자재로 활용하고 탐색하는 마니아들의 도전을 의미한다. 해커 역시 도둑이라기보다는 기성 제품의 한계를 돌파하기 좋아하는 일종의 모험가인 셈이다.

마니아적 취미 활동이 널리 인정받는 서구지만, 1998년만 해도 기업들은 해커들의 '장난질'을 꺼려했다. 레고 역시 마찬가지였다. 마인드스톰 해킹 사태를 당한 레고 경영진은 '범죄자'를 고발하려고 했었다. 하지만 그렇게 하지 않았다. 오히려 고객에게 '해킹의 권리Right to Hack'를 부여했다. IT기술이 고객들의 창조적 열정에 불을 붙이고 있으며, 레고는 그것을 수용해야 함을 깨달은 것이다.

특히 그들은 미국을 중심으로 한 IT기술 마니아들이 주말이나 휴가철, 혹은 한가한 평일 저녁에 그저 재미로Just for Fun! 소프트웨어나 하드웨어 장비를 뜯어보고 고치고 하는 경우가 많다는 것을 알게 됐다. 실제로 애플, MS, 구글, 페이스북 등 대부분의 유명한 IT 회사의 경우 이런 해커들이 창업의 핵심 멤버들이다. 유럽 북구의 문화와 정서가 지배하는 레고로서는 분명 낯선 조류였다.

그러나 레고는 이들의 마음을 사로잡는 것이 게임의 판도를 뒤바꿀 수도 있음을 본능적으로 감지했다. 해커를 '팬'으로 만들기, 그것이 레고를 AQ 기업의 대표주자로 만든 위대한 결정이었다.

물론 레고가 해킹의 권한을 '부여'한다고 해서 사태가 급변하지는 않았다. 그저 고객과 시장의 흐름을 인정한 것뿐이었다. 진정한 변화는 마인드스톰 개량 모델 개발 과정에서 일어났다. 그 작업에 열성팬

4명을 직접 참여시키기로 한 것이다. 미국과 아시아, 유럽 곳곳에서 신중하게 선발된 최고수들이 덴마크까지 날아와 1년간 레고 직원처럼 개발에 참여했다. 레고는 기존의 비즈니스 인프라를 함부로 흔들지 않고, 고객 창조의 플랫폼으로 신중하게 개량해 나아갔다.

2005년에는 '마인드스톰'의 경험을 토대로 디자인 바이 미design by me 서비스를 론칭했다. 고객들이 인터넷에서 전용 소프트웨어를 다운로드 받아 자유자재로 블록을 조립해본 뒤 맘에 드는 모델을 주문하면 실제 레고 제품이 집으로 배달되는 것이다. 2011년에는 이를 더욱 발전시켜 쿠소CUUSOO를 선보였다. 쿠소는 레고 그룹의 일본 측 파트너로 고객 커뮤니티의 주도로 만들어진 작품을 제품화하고 있다. 일본어로 '공상'을 뜻하는 이름에서 알 수 있듯, 고객이 상상한 것을 진짜 물건으로 만들어내는 것이다. 고객은 컴퓨터로 자신의 레고 작품을 조립해 인터넷에 공개하고, 온라인에서 다른 1만 명의 고객들이 그것을 사고 싶다는 의사를 표명하면 상품화를 검토한다. 레고 그룹은 이를 철저히 검토한다. 조립의 재미, 조립의 용이성, 생산성, 시장성 등등 모든 면에서 검토에 검토를 거듭하고서야 제품화를 결정한다.

앞으로 시간이 갈수록 기업과 고객을 가르는 낡은 기준은 점점 과거의 유물이 될 것 같다. 소통, 이질적인 것들의 교류가 중요해질 것이다. 우리 크라운해태는 이런 경험을 했다.

1998년 화의에 돌입한 직후, 크라운제과는 사업구조 및 제품의 구조조정, 조직개편 등 다각적인 개혁을 실시해 위기를 벗어나게 되었지만, 신제품 개발에 투자할 여력이 없다는 난관에 부딪쳤다.

우리는 신제품을 확보하고 지속적인 성장이 가능한 해법을 모색하다가 제휴마케팅을 통한 신제품 확보 전략을 떠올리게 되었다.

우리가 먼저 찾은 것은 당연히 국내 업체들이었다. 하지만 누구도 선뜻 우리가 내민 전략적 제안을 받아들이지 않았다. 그것은 당시 업계의 정서에 비춰볼 때 너무 앞서 간 것이었다. 결국 우리는 중국과 일본 등으로 눈길을 돌릴 수밖에 없었다. 될 거라는 자신은 없었지만, 그래도 눈앞에 보이는 경쟁자도 아니고 한국 시장 자체가 외국 기업에 폐쇄적이었던지라 그들에겐 새로운 기회로 비칠 수도 있다는 것이 우리의 '기대' 였다.

결과는 우리의 예상을 뛰어넘었다.

신제품 출시 100일 만에 100억 매출을 기록한 '미인블랙' 이나, 쌀과자 시장의 선두자리를 뒤바꾼 '참쌀' 시리즈는 바로 크로스마케팅을 통해 탄생한 제품이다. 재정적 성과만 얻은 게 아니었다. 전혀 다른 문화와 기술적 배경, 시장 속에서 성장한 해외 업체들의 제품은 매우 신선하고 때론 충격적일 만큼 혁신적이기도 했다. 우리는 전면적인 협력을 통해 더욱더 긴장하게 되었고, 동북아시아에서 최고의 제과 그룹이 되겠다는 전혀 새로운 비전을 세우게 되었다.

미래의 기업은 기업과 고객, 적과 아군이라는 낡은 패러다임에서 점진적으로 벗어날 수밖에 없다. 고객들의 실력은 날이 갈수록 일취월장하고 있다. 개별 기업이 아무리 거대해진다 해도 집단지성으로 뭉쳐진 고객과 시장의 힘보다 강할 수 없음을 알아야 한다. 레고도 처음에는 마인드스톰이 그토록 허무하게 '무너질' 줄은 몰랐을 것이다.

기술이 보편화된 시대, 과거의 기업관으로는 더 이상 존속할 수 없다. 죠리퐁을 집에서 만들어 먹을 수도 있는 시절이다. 소통은 미덕이 아니라 의무이자 생존의 플랫폼이 되었다고 할 수 있다. 고객은 수요만 가진 것이 아니라 생산 능력까지 갖추게 되었다. 이런 고객들의 니즈에 부응하자면 적을 늘리기보다 협력자를 더 많이 모아야 한다. 궁극적으로는 고객들을 '개발자'이자 '마케터'이자 'PR 담당자'이자 '경영자'로 모셔야 한다.

한마디로 그들과 함께 공연을 해야 한다.

AQ 기업으로
변화하라

AQ 고객을 창조하는
'체험 2.0' 전략으로 진화하자

예술은 창조 갈망을 자극하고 충족시키는 가장 보편적인 '미디어'다. 인간의 역사 속에서 오래도록 함께했고, 검증됐고, 발전해온 것이 예술이다. 기업은 그래서 예술을 통해 고객의 창조 본능을 자극하고, 고객을 예술가로 만드는 방법을 학습해야 한다.

누구나 예술을 하고 싶어 하고 모든 것이 예술이 될 수 있다. 하지만 사람들은 편견과 공간과 기회와 돈과 기술 부족으로 인해 자신의 창조 갈망을 억누르고 살아간다. 기껏해야 감탄만 하면서. 탁월한 기업은 창조를 위한 조건과 기술, 계기를 고객에게 제공할 줄 안다.

아틀리에의 신비한 조각가인 애플, 오케스트라의 위대한 지휘자인 할리데이비슨, 고객을 성장시키는 스튜디오의 스승인 레고, 황홀경에 빠진 배우 디즈니랜드, 도시를 누비는 그래피티 아티스트 구글.

그들은 고객을 위해 도구를 바꾸었다. 애플은 하드웨어와 소프트웨어 디자인, 유저인터페이스를 우아하게 혁신하여 기술 피로감을 줄이고 고객이 원하는 것을 해낼 수 있도록 돕고 있다.

구글은 고객이 자유롭게, 아무 때고 자신들의 일상과 느낌을 영상으로 표현하고 공유할 수 있는 유튜브를 내놓았다. 또한 각종 콘텐츠를 자유롭게 즐길 수 있도록 애쓰고 있다.

할리데이비슨은 소유자 그룹을 통해 고객들이 평범한 일상을 넘어 가슴 설레는 꿈을 추구할 수 있도록 했다. 오토바이는 빠르고 강력한 운송기계가 아니라 일상과 꿈을 이어주는 날개가 되었다.

이 기업들에 있어 고객의 역할은 다양하다. 애플은 갤러리의 관객, 할리는 오케스트라의 단원, 레고는 스튜디오의 도제, 구글은 그래피티 서클의 멤버와 흡사하다.

각 기업마다 고객의 창조 감성을 자극하고 참여를 유도하는 모델이 조금씩 다르지만 그들은 모두 제품을 소비하는 consumer에서 극진한 대접을 받는 customer로, 다시 체험을 통해 창조하는 creator로 고객의 위상을 변화시켰다. 그들은 고객의 창조 생산성을 높이는 플랫폼을 보유한 기업이 승리한다는 것을 보여주는 사례다.

때로는 이것만은 바꿀 수 없다고 믿던 것을 포기해야 할 때가 있다. 지금이 바로 그렇다. 지금껏 기업들은 '우리가 만들고 소비자는 돈을 낸다' 는 것을 금과옥조의 진리로 여기고 있었다. '소비자는 왕' 같은 미사여구로 포장되기는 했지만, 기업과 소비자는 기본적으로 물건과 돈을 주고받는 '교환 관계' 를 맺고 있었다.

교환 관계를 고집하는 기업들은 살아남지 못할 것이다. 앞으로의 시대는, 교환 관계에서 지속적으로 새로운 것이 만들어지는 생태적 창조 관계를 만드는 기업이 이끌게 된다.

자재 구매, 생산, 유통, 마케팅 등 기존의 프로세스가 중요하지 않다는 말은 아니다. 당연히 그러한 프로세스에서도 혁신과 변화는 지속될 것이다. 다만, 고객의 창조 본능을 도외시한 채 그들을 '대상'으로만 여기는 한 결국은 비용 경쟁에만 매몰될 수밖에 없다.

고객의 가능성을 일깨우고 실현하는 플랫폼을 제시하는 경영

AQ 경영이란 예술적 감수성이 높은 고객을 창조하는 경영이다. 동시에 기업 구성원 모두를 예술가로 만드는 경영이다. AQ 기업은 고객의 예술적 창조 갈망을 충족시키고 그를 통해 시장을 변화시키는 기업이다. AQ 기업의 핵심 전략은 체험이다. 오직 예술 체험을 통해서만 AQ 고객을 창조할 수 있다.

단순히 그 물건을 소유했다는 것만으로는 부족하다. 명품 마니아나 쇼핑 중독자가 아니라 창조적 소비자가 우리에겐 절실히 필요하다.

소유의 찰나적 기쁨을 넘어선 창조 동기, 창조 능력, 창조 여력, 창조 공간, 창조 네트워크가 절실히 요구된다. 각 세대, 문화, 성별, 인종, 국적 등등에 따라 연구가 이뤄져야 한다.

체험 전략은 소비를 넘어서 창조라는 패러다임을 자본주의 경제의 본질 깊숙한 곳에 이식하는 것이다. 인간의 내면에 도사린 창조 갈망을 충족시키기 위한 정밀하고 장기적인 플랜이다.

지금 기업들은 고객들의 창조 갈망을 제대로 충족시켜주지 못하고 있다. 아이폰이나 아이패드, 구글의 유튜브, 레고 등은 고객들 스스로가 창조 갈망을 충족할 수 있는 플랫폼이 되었기에 큰 성공을 거두었다.

맹목적인 소비, 수동적인 중독, 강박적인 소통으로는 더 이상 새로운 경제를 꿈꿀 수 없다. 우리는 이제 창조적인 AQ 체험으로 나아가야 한다. 내면 깊은 곳에 억압되어 있던 예술가적 기질을 해방시킬 수 있는 기회와 제품과 서비스를 고객에게 제공하는 기업이야말로 미래를 지배하게 될 것이다.

고객과 신체적으로 접촉하고 내면의 깊은 곳까지 자극하는 경영
철학자 비트겐슈타인은 이렇게 말했다.
　"몸은 인간 영혼의 최고의 모습이다."
　지식은 우리 시대를 대표하는 낱말 가운데 하나다. 그런데 많은 이들이 지식 하면 곧바로 '뇌'를 떠올린다. 지식 노동은 육체 노동과 대비되는, 이른바 뇌를 사용하는 고급스럽고 고상한 노동으로 오해된다. 이것은 IQ 시대의 관념이다.
　뇌는 홀로 생각하지 못한다. 진실로 중요한 지식은 신체화되어 있다. 사람들은 점점 신체와 유리된 지식에 대해 불신과 거부감을 드러내고 있다. 우리는 누군가의 말로 표현된 지식이 아니라 인생이라는 신체의 시간적 흐름 속에 체화된 진정성을 신뢰하고 평가한다.
　크라운해태의 고객 체험 프로그램 중에서 돌을 뚫고 깎아서 작품을 만드는 프로그램이 있었다. 참여한 아이들은 손과 허리와 다리를 활용하여 온몸으로 진동을 감내하고 돌을 뚫는다. 이것은 단순히 신기한 경험이 아니다. 아이들에게 그것은 불가능할 것 같은 난관을 뚫는 체험이다. 체험자들은 아름다움과는 아무 관계도 없을 것 같은 돌덩어리에서 상상치도 못했던 미를 발견한다. 예기치 못했던 강렬하

174

고 위대한 사고의 원형이 무의식에 스며드는 것이다. 무언가를 뚫어 보는 것, 온전히 혼자만의 힘으로 창조를 해보는 체험은 아이의 무의식에 강한 흔적을 남긴다.

성공한 기업들의 핵심 가운데 하나는 고객과 peer to peer 관계를 형성한다는 것이다. 그들은 고객을 직접적으로 터치한다. 특히 고객의 창조 감성을 자극하는 정교한 프로그램을 갖고 있다. 그들은 단순한 경험experience이 아니라 고객의 내면에 잠재된 뿌리 깊은 창조 갈망과 직접적으로 소통하는 체험Erlebnis을 중시한다.

구글의 유튜브, 레고의 쿠소는 대표적인 창조 사이트라고 할 수 있다. 고객은 자신의 상상력을 영상이나 레고 제품으로 표현하고 전세계 모든 이들과 자유롭게 공유할 수 있다. 그들은 인터넷에 접속하여 이전과는 전혀 다른 '자신만의 무엇'을 만들어낼 수 있다.

기업은 유별나고 극성스럽고 까다로운 창조적 소비자로부터 직접(!) 배우고 친밀하게 대화할 수 있는 공간과 이벤트를 정기적으로 만들어야 한다.

애플 스토어는 AQ 체험의 훌륭한 사례 가운데 하나이다. 애플 제품을 사용하는 기술과 지식과 예술적 감수성을 고객과 깊게 공유하는 애플 일대일 워크숍, 어린이들과 교사를 위한 애플 캠프, 지니어스바는 고객과의 신체적 접촉을 꾸준하게 유지하는 애플의 말단 신경망이라고 할 수 있다.

레고는 쿠소를 통해 창조적인 고객만을 위한 플랫폼을 만들어냈고 잘 유지하고 있다. 레고의 고객들은 거대한 커뮤니티를 형성하였고,

그들이 경쟁적으로 만들어낸 갖가지 아이디어 가운데 최고를 쏙쏙 뽑아서 레고는 수익으로 연결시키고 있다. 최고의 레고 고객들은 기업 내부자들과 직접 만날 수 있고 깊이 있는 대화를 나눌 수 있다.

이러한 체험의 초점은 인간의 창조 본능이다. 인간은 기본적으로 동물에서 진화하였기에 동물적인 생존 본능이 강하고 지배적이다. 하지만 동시에 미래를 내다볼 줄 알고 훨씬 복잡한 손 기술과 감성을 갖고 태어난다. 단순한 공학 기술만 가진 것이 아니라 철학과 윤리 등 어찌 보면 극도로 실용성이 떨어지는 학문까지도 발달시켰다. 이러한 것들이 생존 본능의 폭주를 제어하고 인간을 파멸의 나락에서 구하고 때때로 기적 같은 번영으로 이끌었다.

감각의 자극, 한번 해보는 독특한 일회성 이벤트를 넘어 인간의 몸과 영혼에 숨겨진 창조 본능을 자극하는 프로그램을 개발하는 기업이 미래를 지배할 것이다.

막연한 다수보다 소수의 창조적인 이들을 사로잡는 경영

AQ 경영은 고객의 능동성을 고도로 활용하는 전략이라 할 수 있다. 창조성은 남이 시키는 일을 열심히 하는 것이 아니라, 스스로가 원하는 것을 자신의 힘과 열정으로 해내는 것이기 때문이다. 고객은 기업의 팬이자 공동체의 일원이기 때문에 아무런 거리낌 없이 노력을 하고, 돈을 내고, 적극적으로 옹호를 한다.

평범하고 상식적인(?) 대다수는 그들을 보고 고개를 가로젓고 손가락질을 할 것이다. 도대체 무슨 극성이냐고 말이다. 하지만 기업은 그들을 지속적으로 유혹하고 배려하고 함께 성장해야 한다. 이런 소수 정예군은 결국 추종자를 만들어내고 이유 없이 대세를 따르는 다수를 움직이게 만든다.

AQ 경영을 생각하는 리더는 그래서 항상 영국의 왕 헨리 5세의 말을 기억해야 한다.

"우리들, 특별한 소수의 형제들은 영원히 세상에 기억될 것이다."

기업은 독특한 고객들, 극성스런 고객들에게 주목하고 그들의 관심을 끌어당겨야 한다. 성찰적 소비자, 안티 소비자, 이념적 소비자 등 소수의 급진주의자들을 적극적으로 체험 공간에 모셔야 한다.

상품이 부족했고 기술이 미성숙했고 네트워킹이 간헐적이었던 시대에는 교환 관계로도 충분했다. 하지만 지금은 다르다. 상품은 넘치고, 기술은 인간의 생물학적 본질마저 위협하며 네트워킹 자체가 존재의 기반이 되어버렸다. 소비 행위는 더 이상 강렬한 생의 의지를 부추기지 못하게 됐다.

앞으로 모든 제품과 서비스는 가치 창조의 영감과 자극의 시그널을 고객에게 발신해야 한다. 고객이 다가와서 자리 잡을 공간, 도구, 지원을 준비해야 한다.

AQ 체험은 사랑의 과정과 매우 흡사하다. 처음 시작은 단순하지만 인상적인 '만족' 일 것이다. 이런 인상적인 '경험' 이 한두 번 지속되면서 고객은 깊은 본질을 '발견' 하게 된다. 이 순간부터 고객은 기업을 향해 다가온다. 기업은 고객을 겨냥한 매혹적인 장치를 다양하게 준비해야 한다.

할리데이비슨의 열혈 고객 중에는 할리데이비슨의 유명한 날개 로고를 문신으로 몸에 새기는 이들도 있다. 그들은 자본주의 사회가 만들어낸 광신도일까? 그렇기도 하고 아니기도 하다. 할리데이비슨 경영진은 할리 소유자 그룹Harley Owners Group의 일원으로서 정성을 다해 고객들과 대화를 나눈다. 그들은 HOG의 충성심 높은 고객이 '현찰' 이상의 막대한 가치를 지니고 있음을 알고 있다.

돈이 전부가 아니다

앞으로 개별 제품이나 서비스는 '창조'라는 최종 결과물로 마무리되는 전체 체험 프로세스의 일부로 간주되어야 할 것이다. 고객과 기계적으로 분리된 생산-소비에서 고객과 깊게 교류하고 생산 메커니즘에 유기적 주체로 결합할 수 있도록 하는 것이다.

또한 이익에 대한 계산도 다분히 달라질 것이다. 단순히 '돈'만 벌어들이는 것으로 기업의 수익성을 높게 평가하는 시대는 저물 것이다.

'돈'에 대한 의미도 후원금으로 변화할 날이 올지도 모른다. 단순한 돈과는 전혀 다른, 창조적 아티스트를 지지하고 예술 활동을 뒷받침하는 재정 지원의 의미를 갖게 되는 것이다.

매우 능동적인 창조적 고객들은 세 가지 형태의 사용료를 지불하며 기업의 창조 플랫폼을 사용한다.

우선 돈을 내는 사람들이 있다. 그들은 정말 아낌없이 시장 가격 이상의 돈을 지갑에서 꺼낸다. 럭셔리 제품의 고객들이 자신의 지위와 사회적 위상을 표현하기 위해 상상을 초월하는 돈을 지불하는 것과는 차원이 다르다. AQ 고객은 기업과 창조 관계를 맺고, 창조의 플랫폼을 '공유'하고 있으며, 함께 창조의 기쁨을 누리고 있다는 생각을 하기에 아낌없이 돈을 지불하는 것이다. 럭셔리 경영과 AQ 체험을 혼동해서는 곤란하다.

두 번째는 창조적인 산물로 기여하는 사람들이 있다. 이들은 직접적으로 기업의 회계 장부를 개선해주는 사람들이 아니다. 하지만 기업의 실력과 창조적 가치를 놀라운 수준으로 높여준다. 제품 아이디어, 전략적인 제안 등등 통로와 기회만 있다면 돈을 주고도 얻기 힘든 아이디어와 기획이 이들로부터 나온다. 이들을 푸대접해서는 미래의 승자가 되기 힘들다.

세 번째, 열광적인 응원으로 기여하는 고객들이 있다. 비록 제품을 많이 구매하지도 않고, 창조적인 지식을 제공하는 것은 아니지만 열광적으로 기업 가치를 알리거나 홍보해주는 고객들이 있다. 광고에 나오는 연예인이 좋아서 그렇게 하는 사람도 있고, CEO에 대한 개인적인 호감 때문에 움직이는 이들도 있다. 현명한 AQ 기업은 그들에게 쉼 없이 동기를 부여한다. 고객은 전통적인 미디어나 광고, 홍보가 늘 꿈꾸던 진정한 소통을 실현한다. 팬들은 마케팅을 하지 않아도 돈, 아이디어, 열정적인 옹호자가 되어 기업의 수익을 높인다.

하나의 제품이나 서비스, 플랫폼, 세계를 함께 창조하고 그로 인해 충족되는 '창조 감성'을 공유하며 서로에 대한 신뢰와 동료 의식을 고양시킨다. 이것은 소비가 아니라 체험이다. 체험은 향유하는 것이다. 소비가 허겁지겁 먹어치우는 것이라면 향유는 깊게 숨을 쉬고 느릿느릿 음미하고 미소 짓고 입맛을 다시는 것이다. 이처럼 고객의 예술가 본능을 깨우기 위해서는, 지식과 기술/열정과 용기/시간과 공간이 필요하다.

창조 플랫폼의 설계자이자
공동 실행자로서의 기업

상품이 쏟아진다. 사람들은 아무리 혁신적인 제품과 기술이 등장해도 곧 무덤덤해진다. 과자 업계는 더 심각하다. 내 젊은 시절만 해도 과자는 꿈이었다. 소풍 갈 때나 먹을 수 있었고 많이 사 갈 수도 없는 귀한 먹거리였다. 1980년대에는 용돈으로 손쉽게 과자를 사 먹기 힘들었다. 불과 30년 만에 상황은 변했다. 과자는 '성인병의 원인인 나쁜 식품'으로 비난받는다. 1+1 행사는 일상이다.

과자를 어떻게 만들어야 밝은 장래를 만들 수 있을까? 더 값싼 원료, 더 값싼 땅, 더 저렴한 인건비? 대안이 쉽사리 떠오르지 않았다. 과자 안에, 과자 업계의 논리 안에, 현재의 경쟁 구도 안에 갇혀 있는 한은 그랬다.

과자를 벗어나, 과자 업계를 벗어나, 지금의 경쟁 구도를 과거 및 미래와 연관 지어 바라보자 새로운 해답이 조금씩 보이기 시작했다. 과자라는 상품을 넘어 그 의미를 따져보기 시작한 이후 우리는 '꿈'이라는 한 글자를 주목했다. 과자의 꿈. 그 두근거림을 어떻게 하면 다시금 우리 시대에 부활시킬 수 있을까? 과자를 통해 꿈을 꿀 수 있게 하는 방법을 찾던 우리가 도착한 '종착역'이 바로 예술이었다.

과자를 먹으며 느낄 수 있는 행복과 우정과 즐거움과 쾌감을 느끼게 하는 것. 그 이야기를 보여주는 방법은 예술이었다. 그래서 우리는 과자 상자로 박스 아트 전시회를 열고, 과자에 예술 작품을 담고, 과자의 디자인을 예술적으로 바꾸고, 더 나아가서는 어린이 고객들과 함께 예술 체험을 하게 되었다. 예술가들을 지원하고, 예술 감상을 하는 수준을 넘어 전 직원이 예술가가 되기 위해 도전하는 단계에까지 이르렀다.

크라운해태의 예술적 경영은 처음에는 과자에 부가가치를 덧붙여주는 '마케팅'으로 시작되었다. 그러나 우리는 아주 빠른 시간 안에 예술이 기업과 경영과 기업 구성원과 시장에 어떠한 의미를 갖는지를 파악하였다. 과자 산업은 현대 자본주의 시장 경제를 상징하는 대표 산업임을 우리는 알게 되었다. 하이테크에 찌든 고객을 일깨우고 그들의 지갑을 열자면 하이터치를 해야 한다는 것을 뼈저리게 느꼈다. 때문에 우리는 예술을 더 이상 포장을 위한 디자인이나 마케팅 '수단'으로만 쓸 수 없었다. 예술은 곧 우리 기업의 존재 방식과 경영 철학, 그리고 우리를 새롭게 하는 전략적 지침이 되었다.

크라운해태는 예술가 집단이다. 크라운해태는 감동적인 이야기를 창조하는 집단이다. 과자는 우리가 만드는 스토리의 핵심 소재이며 모티브이다.

우리는 최고위 간부부터 말단 직원까지 모두가 예술가로부터 배우며 예술 지성을 갈고 닦는다. 강의를 듣고 감상을 하는 차원을 넘어 온몸으로 예술 작품을 만들고, 고객을 모시는 예술 단지를 우리 손으로 직접 만든다. 우리는 고객을 관객이 아닌 함께 작품을 만드는 동료로 만들고자 한다. 예술을 아는 고객, 예술을 느끼는 고객, 예술을 사랑하는 고객, 예술을 창조하는 고객. 우리는 가격 경쟁이나 점유율 경쟁이 아닌 예술적 고객을 더 많이 창조하여 경쟁에서 승리하고자 한다.

예술과 비즈니스의 간극 넘어서기

현실적으로 예술 작품과 기업 제품 사이에는 엄청난 간극이 있다. 사람들은 일반적으로 (날이 갈수록 상업화되고 있다 해도) 예술 작품은 여전히 고상하고 깊은 의미를 담고 있으며 덜 세속적이라고 생각한다. 기업 제품에 대한 인식은 전혀 다르다. 이익을 내기 위해 개발된 극히 세속적인 물건으로 받아들인다.

예술 작품에서 우리는 영혼의 밑바닥을 울리는 영감을 얻는다. 때로는 깊고 안온한 치유의 감정을 맛보기도 한다. 하지만 어느 누가 기업의 제품과 서비스에서 그러한 영감과 치유를 얻을 수 있겠는가?

나는 가능하다고 믿는다. 왜냐하면 예술이란 다분히 맥락 의존적이기 때문이다. 변기가 어떤 시공간적 문맥 속에 놓이느냐에 따라 예술이 되기도 하고 오물 처리기가 되기도 한다. 어떤 콘서트는 아무런 연주나 퍼포먼스가 없었지만 위대한 예술 작품으로 찬사를 받았다. 관객들의 반응을 포함한 콘서트홀의 '우연적 사건' 자체가 하나의 공연이 되었기 때문이다.

어떤 감정, 어떤 마음, 어떤 상황에서 그것을 만나느냐에 따라 세상 모든 것은 예술이 될 수 있다. 기업은 바로 예술의 맥락을 제공하는 존재가 되어야 한다.

제품은 고객의 창조적 열정을 자극하는 촉매이자 재료, 도구가 되어야 한다. 고객에게는 예술가적 열정을 펼칠 장소와 시간이 필요하다. 그것은 단순한 장소 개념에 국한되지 않는다. 제품과 서비스를 써보고 느껴보고 소비하는 전 과정을 지칭한다(스튜디오나 공연장은 먼 곳에 있지 않다!). 고객은 자신의 창조적 열정이 식지 않을 정도의 가격을 원할 것이며 기업은 고객의 창조 작업을 통해 고객이 돈 이상의 것을 자발적으로 '지불' 할 수 있도록 세심한 관계를 쌓는 프로모션을 수행해야 한다.

박물관, 전시장, 콘서트홀은 공식적으로 인정된 예술 맥락의 아이콘과 같다. 많은 기업이 그러한 공간을 꾸미는 이유가 거기에 있다.

물론 단순한 소비의 맥락을 창조적 체험으로 바꾸기란 녹록한 작업이 아니다. 제품 디자인의 변화, 새로운 공간, 광고 등은 그래서 예술 이미지의 차용을 선호한다. 자본주의 초기부터 시작된 이런 '전통' 은 오랜 역사만큼이나 한계도 뚜렷하다. 기업은 이를 넘어서야 한다.

출발점은 '창조 감성' 이다. 미학적 충동, 몰입의 충동, 초월의 충동, 소통의 충동, 유희의 충동. 이 다섯 가지 AQ 감성이 충족될 때 누리는 효과가 무엇인지를 알고 이를 구현하기 위해 세심한 준비를 해야 한다.

초월을 통해 우리는 세속적 딜레마로부터 해방감을 맛본다. 우리는 위대하고 가슴 벅찬 꿈을 꾸게 된다.

유희를 통해 현실에 대한 부정적인 감정에서 벗어나 흔쾌히 세상을 포용하고 호기심 어린 눈으로 주변을 바라보게 된다.

소통을 통해 우리는 고독과 고립감에서 벗어나고 새로운 '자아'로 거듭날 수 있다.

몰입을 통해 우리는 번잡한 세상사에서 벗어나 위대한 창조의 기회를 획득한다.

미학을 통해 우리는 안정감과 질서 의식을 회복하고 외부 세계의 규율과 통제권을 획득하게 된다.

기업은 저마다의 '장르'를 갖고 있으며, 특정한 창조 충동에 본능적으로 호감을 갖는다. 예를 들어 애플은 구글과는 전혀 다른 기업 문화를 갖고 있다. 구글의 방식은 애플에 맞지 않는다. 그들은 조용한 갤러리에 가깝다. 고도로 추상적인 작품을 만들어내는 조각가를 연상케 하는 애플은 미학적 단순화에 집착할 수밖에 없다. 그들은 몰입과 초월에도 어느 정도 호감을 느낄 것이다. 구글은 다르다. 애플의 방식은 지루하고 억압적이라고 느낄 것이다. 그들은 소통을 좋아하고 럭비공처럼 이리저리 튀어 다닌다. 구글은 영국의 버진 그룹과 흡사할 수밖에 없다.

무엇이 옳다 그르다 할 수 없다. 자신에게 맞는 감성, 그 감성을 최대한 살려낼 수 있는 장르를 찾아내는 것이 핵심이다. 그리고 고객과 함께 창조를 이뤄낼 수 있는 자신만의 플랫폼을 만들어야 한다. 애플이 애플 리테일 스토어를, 레고가 쿠소를, 구글이 유튜브를 가졌듯이 성공을 원하는 기업들은 창조적 체험을 위한 플랫폼을 탐

색해야 한다.

체험 설계의 핵심 원칙 5가지

한 번만 더 해보고 싶은 생각이 드는 체험, 이야기하고 싶어서 입이
근질거리는 체험, 철학과 가치에 공감하여 깊은 감동을 주는 체험,
기업과 고객이 서로를 통해 더 진화하는 체험, 단순하면서도 배려와
노련미가 느껴지는 체험의 플랫폼을 만들기 위해 우리는 다섯 가지
측면을 고려해야 한다.

첫째, 소통의 측면이다. 핵심 가치와 체험 시나리오 요소를 스토리
로 만드는 체험 설계가 필요하다.

영업점에서 흥미로운 전시를 봤을 때, 과자를 발견하고 구매했을
때 고객들은 어떤 스토리를 느끼고 있는가? 우리는 고객들이 스토
리에서 발견한 핵심 포인트를 이야기로 다시 전파하도록 만들어야
한다.

모든 것은 예술의 도구가 될 수 있다. 모든 공간은 캔버스이자 콘
서트홀, 전시장, 무대가 될 수 있다. 기술과 고객을 조합하여 예술적
으로 상상하는 체험적 사고만이 문제가 될 뿐이다. 고객이 창조의 주
체가 될 수 있는 기술, 열정, 시공간적 조건을 만들어라.

이 모든 것 속에서 기업은 되도록 주인공이 아닌 인상적인 조연이
되어야 한다. 영화 속에서 주인공보다 중요한 존재가 조연이 아니던
가? 어설프게 주연이 되겠다고 나대는 능력 없는 배우는 과도한 비난

을 받게 된다.

할리우드 영화사들은 영화 홍보 과정에서 팬들과 현명하게 협력하는 방법을 개발하고 발전시키고 있다. 각종 포스터나 게임, 수수께끼풀이 등은 기본이다. 대형 블록버스터를 개봉할 무렵이면 영화 캐릭터를 그린 팬들의 작품이나 상상을 초월하는 독창적인 예고편이 쏟아진다. 팬들의 작품은 영화사의 것보다 반응이 더 열광적이다.

둘째, 미학의 측면에서 아름답고 단순하며 인간 친화적인 체험을 설계해야 한다. 고객과 기업의 불필요하고 소모적인 희생도 최소화해야 한다. 첫 느낌부터 아름다워야 한다. 반복해서 해보고 싶은 매력과 함께 인간 친화적인 인터페이스를 갖춰야 한다(안전함과 세련된 디자인 등). 체계적이되 복잡하지 않고 직관적이어야 한다.

고객이 창조의 체험에 뛰어들 수 있는 수단은 무수하고, 통로 역시 다양하다. 이를 아름답게 조합해야 한다. 웹사이트 디자인이나 홍보물뿐만 아니라 고객이 활용하게 될 프로세스 자체가 단순하면서도 높은 효율을 내도록 설계되어야 한다. 과도한 통제로 이어지지 않도록 주의해야 한다.

고객의 역량과 성향, 창조 니즈에 대한 감각적이고 체계적인 정보 축적이 필요하다. 고객과 꾸준한 관계 형성을 해야 한다. 또한 자신이 속한 시장의 사회-문화적 특성과 감성의 변화와 흐름에 민감할 필요가 있다.

셋째, 유희의 측면이다. 체험은 고객과 기업 모두에게 즐거운 배움의 장이다. 따라서 고객 체험은 혁신의 전략이기도 하다. 고객들에게 전략과 가치를 제공하되 고객들이 돌발적으로 만들어내는 우연적 사건에 주목해야 한다. 이런 우연적 사건은 바로 고객과의 접점에서 가장 많이 일어난다. 고객과 밀착하여 풍부한 참여를 유도해야 하는 이유가 바로 거기에 있다. 철저히 계획하고 준비하되 우연적인 것에도 눈길을 주어야 한다.

고객 스스로가 자신의 지식을 뽐낼 수 있고, 마음껏 호기심을 충족시킬 수 있도록 해야 한다. 원치 않는 비용 지불은 배제해야 한다.

넷째, 몰입의 측면에서 고객의 몸과 마음을 산만하게 만드는 요소들은 모두 배제해야 한다. 디즈니랜드처럼 현실과의 차단선을 만들기도 해야 한다. 게임처럼 속도감이나 단순성을 높여서 현실을 잊게 할 수도 있다. 고객을 지치게 해서도 안 된다. 휴식마저도 전략적으로 계산된 메커니즘에 따라 이뤄질 수 있어야 한다. 어디선가 비슷한 걸 봤다는 생각도 들지 않게 해야 한다. 우리의 차별화 요소에 초점을 맞추기 위해 경쟁자나 잡음을 차단해야 한다.

체험 환경에도 깊은 주의를 기울여야 하지만 장인적 기쁨을 맛볼 수 있는 '과업'이 필요하다. 예를 들어본다면 자동차의 내장 디자인을 특별하게 해내는 일 같은 것이다.

다섯째, 초월의 측면에서 체험의 포커스는 궁극적으로 기업의 가치와 철학에 맞춰져야 한다.

예술 체험은 고객과 기업 조직 전체가 함께하는 퍼포먼스라고 할 수 있다. 오래고 고된 연습과 치밀한 준비와 열정적인 실행과 일관된 전략이 없다면 불가능한 퍼포먼스다. 하지만 모든 것은 기업의 가치와 철학에 뿌리를 두어야 한다.

고객은 점점 기업에 대해 냉소하고 있다. 철학이나 사명 등의 이름으로 내세운 각종 '미사여구'와 자신들이 접하는 현실이 많이 다르기 때문이다. 기업과의 만남을 통해 고객은 꿈을 꾸고 싶어 한다. 할리 데이비슨은 그러한 꿈이 현실적으로 체감될 수 있도록 평범하고 세속적인 일상을 넘어서는 새로운 공간을 제공한다.

초월에 초점을 맞추려는 기업은 더욱 조심스러워야 한다. 초월적 감성에 충실한 템플스테이 같은 체험은 동아시아의 오랜 선(禪) 전통에 뿌리를 두고 있다. 독특한 동기를 가진 독특한 이들이 한곳에 모여 엄한 계율을 지키며 다른 세상을 잠시 맛보는 것이다. 이처럼 가치와 동기, 사람, 공간, 규칙을 제대로 설계하지 못한다면 함부로 초월을 표방하는 것은 금물이다.

물론 어떤 모델에서든 기업이 고객에게 필요 이상의 과중한 책임을 지운다거나 주도적 역량의 구축을 게을리 해서는 안 된다. 기업은 전략적으로 항상 고객을 뛰어넘어야 한다.

고객들은 이익과 지속 가능한 생존이라는 기업의 태생적인 제약으로부터 자유롭기 때문에 상상력과 발 빠른 행동이 가능하다. 반면 기업은 조직력과 책임감, 고도의 훈련 경험을 무기로 신뢰성 높고 장기간 지속될 수 있는 프레임을 짤 수 있다. 양자가 조화롭게 협력하고 창조적으로 충돌하면서 새로운 예술적 혁신이 일어날 수 있다.

새 시대의 키워드,
전사와 예술가의 공존 능력

전사와 예술가는 함께 '고객'을 바라보아야 한다. 그리고 서로의 강점을 인정하고 협업의 전략을 짜야 한다.

더 싸고, 더 빠르고, 더 크고, 더 강력한 것은 여전히 중요하다. 주도권을 잃었다 해서 중요성이 사라지는 것은 전혀 아니다. 다만 경쟁의 룰이 생존 본능이 아닌 창조 본능을 만족시키는 쪽으로 바뀌었을 뿐이다. 더 싸고, 더 빠르고, 더 크고, 더 센 것을 기반으로 아름답고, 유쾌하고, 신성하며, 나와 통하고, 푹 빠져드는 그런 체험을 고객과 함께 창조하는 기업이 시장을 주도하게 될 것이다.

앞으로의 50년은 창조 감성에 호소하는 체험 경제와 소유 욕망에 기반을 둔 생존 경제의 적대적 공존 및 경쟁적 협력으로 특징지어질 것이다. 위대한 경영학자 개리 해멀의 말처럼 인간의 경제는 산업화에서 지식화에서 창조화로 변모해왔다. 하지만 산업화 시대에 전통의 생산기술이나 관념, 시스템이 사라지지 않았고 큰 역할을 한 것처럼 지식화 시대 역시 산업화의 토대에 굳건히 발을 딛고 있었다.

AQ 역량이 시대를 주도하게 될 창조 경제의 국면도 마찬가지다. 산업화-지식화 시대의 핵심 역량과 실력, 지배력이 순식간에 사라지

AQ 기업으로 변화하라

거나 무용지물이 될 일은 없다. 오히려 그런 실력과 역량이 쌓여야만 AQ 역량을 축적할 수 있고, 효과적으로 전략을 구사할 수 있다.

삼성은 산업화 – 지식화 시대의 역량이 어떻게 AQ 역량으로 이어질 수 있는지를 보여주는 대표적인 사례라 할 수 있다. 소니를 비롯한 일본 기업들이 AQ 기업으로 도약하는 데 실패한 반면 삼성은 굳건하게 자신의 강점을 유지하면서도 예술가적 창조 역량을 경영 전략에 조심스럽지만 성공적으로 접목하고 있다.

가령 그들의 디자인 변화는 매우 보수적으로 보인다. 하지만 3년 전, 5년 전, 10년 전을 생각해보면 놀라운 혁신을 이루었음을 알 수 있다. 디자인뿐만 아니라 소프트웨어의 변화도 계속되었다. 이러한 개선이 하나둘 집적되면서 삼성의 총체적인 고객 체험 설계 능력은 세계 톱 수준을 넘보게 되었다 해도 과언이 아니다. 놀라운 것은 그러면서도 무시무시한 제조 역량을 고스란히 유지하고 있다는 점이다. 각종 디스플레이, CPU, 플래시 메모리 등을 삼성만큼 안정적으로 빠르게 공급해줄 업체는 거의 없다.

판매량뿐만 아니라 수익 면에서도 아이폰을 밀어내고 있는 갤럭시 시리즈는 하늘에서 뚝 떨어진 것이 아니다. 더구나 이런 막강한 제조 기획 역량을 토대로 구글이나 마이크로소프트 같은 애플의 경쟁사들로부터도 끊임없이 구애를 받는다. 애플이 부품을 사주지 않는다고 해서 매달려야 할 처지가 아니라는 것이다.

시야를 넓혀 보면 한국 기업 가운데 상당수가 점진적으로 예술가적 역량을 갖춘 전사로 변모하고 있다. LG나 현대 역시 그러하고, 크라운해태 또한 그렇다고 자부할 수 있다. 조만간 중국을 비롯한 개발 도상국의 많은 기업은 한국 기업들의 이러한 변화를 주목하게 될 것이다. 그리고 적잖은 기업들이 예술가로서 자신의 존재를 세계에 과시하게 될 것이다.

전사와 예술가의 위대한 공존

전사와 예술가의 갈등은 기업 내부에서도 독특한 리더십 과제를 초래할 것이다.

전사는 어떠한 존재인가?

전사는 적을 제압하고 영토를 점령하여 성벽을 쌓아야만 안심할 수 있다. 그들은 언제든 성벽 밖에서 몰려올지 모르는 외적이나 야수를 찾아내기 위해 긴장을 늦추지 않는다. 그들은 적이 죽지 않으면 결코 내가 살아남을 수 없으며, 이 세상이 존재하는 한 적은 결코 사라지지 않는다고 생각한다.

전사는 낭비를 싫어한다. 효율성과 대량생산은 그들의 지상 과제이다. 효율성과 대량생산은 곧 힘이요 강력함이다. 그래야만 적을 무찌를 수 있고, 성벽 안에 있는 사람들에게 음식과 따뜻한 잠자리를 넉넉히 줄 수 있다.

전사는 창조에 필연적으로 수반될 수밖에 없는 목표의 부재를 싫어한다. 그들은 있는 시장을 정복하려고 한다. 남들이 만들어낸 땅을 정복하는 것은 권리이며, 그를 위해 수단과 방법을 가리지 않는다(왜냐하면 적도 그러하기 때문이다).

전사는 엄격한 규율과 위계질서, 복종을 중시한다. 전투가 시작되었을 때 주저하고 다른 소리를 하는 자는 용납되지 않는다. 그들은 일사불란하게 움직여서 목표를 점령해야 한다. 지휘관의 명령은 반드시 실행되고 달성되어야 한다. 희생은 불가피하며 그에 따른 보상을 바라서도 안 된다.

전사는 인간의 성악설을 신봉한다. 인간은 자신의 유전자를 후세에 전하기 위해 끝없이 투쟁하며, 먹고 먹히는 것이 당연한 존재이다. 이것이 인간의 본질이기에 전사는 항상 성벽을 쌓고, 위험한 세상으로부터 우리를 보호하는 성스러운 역할을 자임한다.

예술가는 어떠한 존재인가?

예술가는 창조와 소통을 통해 기쁨을 느끼는 존재이다. 그들은 성벽을 넘어 세상을 여행한다. 그들에게 세상이란 아름다운 캔버스이자 공연장이다. 그들의 노래와 춤을 함께 해줄 사람이 필요하고, 없다면 스스로도 즐긴다.

그들은 굶어 죽는 한이 있더라도 창조의 손길을 포기할 수 없다. 밥보다 중요한 것이 예술이다. 그들은 세상을 아름답게 장식하고 행복과 기쁨의 감정을 스스럼없이 드러내고자 한다.

그들은 자유롭게 상상하는 것을 즐긴다. 정해진 목표를 향해 돌진하는 법은 없다. 불규칙과 돌발성은 짜릿한 영감을 준다. 효율적으로 작동하는 기계마저 그들은 아름다운 빛깔과 소리로 꾸며야만 직성이 풀린다.

그들은 꽉 짜인 틀과 통제, 명령에 거부감을 갖고 있다. 그들은 누군가가 기획하고 상상한 것을 효과적으로 집행하는 존재가 아니다. 스스로 상상하고, 자기 하고 싶은 대로 할 때 최고의 성과를 낼 수 있다.

예술가는 모방을 통해 남이 만든 시장을 점령하지 않는다. 그들은 없던 시장을 만들어낸다. 그들은 세상을 다르게 보고 싶어 한다. 그들은 정착하는 것을 생리적으로 싫어한다.

예술가들은 성선설을 믿는다. 인간은 함께 창조하는 존재이다. 개체의 유전자는 섞이며 서로 소통하고 새로운 존재로 거듭난다. 이것이 인간의 본질이기에 예술가는 항상 벽을 넘고 세상이라는 캔버스 위를 소요한다.

둘은 대립할 수 없다. 전사와 예술가의 상호 이해와 공존이 성공을 부른다. 전사와 예술가의 공존은 우리 시대에 기업을 성공으로 이끄는 위대한 비밀이다. 시대의 변화를 읽어낸 전사는 최신 무기를 만들고 있는 존재가 다름 아닌 예술가임을 안다. 엄한 규율과 단호한 투쟁성을 포기하지 않되 예술가들을 포용할 수 있는 여유 공간을 넓히고 그들을 보호하며 육성하려고 한다.

궁극의 경지에서 전사와 예술가는 서로를 마주할 수밖에 없다. 전사에게 예술이란 전쟁의 판도를 근본적으로 바꿀 신전략이다. 예술가에게 비즈니스 전쟁은 가장 극단적인 예술이다. 생존과 창조는 인간과 기업의 삶 그 자체이다. 생존만이 남는다면 짐승에 머물 것이고 생존 없는 창조란 공허한 망상에 불과하다.

창조적 체험의 실체 또한 전사의 시대에 쌓아온 기술과 상품, 서비스에서 시작된다.

AQ 전략을 지향하는 기업들은 창조 체험의 '핵심'이 무엇인지를 분명히 해야 한다. 그저 감각적인 자극이나 새롭고 신기한 취미 활동을 제공하는 것이 '체험 전략'이라고 오해하면 반드시 망하게 된다. 자동차 업계의 강자인 GM의 새턴 브랜드와 폭스바겐은 자신만의 체험 전략을 시도했다. 전자는 자동차의 본질과 결합하지 못했고, 후자는 튼튼한 제조 역량을 토대로 환상적인 체험 상품을 개발해냈다.

기초 체력이 튼튼하지 못한 기업은 체험을 껍데기로만 받아들이거나 아주 단기적으로 실행할 수밖에 없다. 미국의 자동차 거인이었던 GM이 야심차게 론칭했던 새턴 브랜드는 자동차 세일즈에 대한 악명이 자자한 미국에서 고객들에게 아주 좋은 인상을 심어주었다. 판매 과정도 깔끔했고, 노사 간의 화합으로 제조 과정에서 파업 같은 잡음이 적은 편이었다.

새턴의 구매 고객들은 정찰제에다 각종 부가 혜택을 넉넉하게 챙길 수 있어서 다른 곳에 눈을 돌릴 이유가 없었다. 동물원 체험 행사에 수만 명의 어린이를 초대하고, 각종 자선 행사에도 적극적이었다. 새턴은 잠시나마 2위인 토요타보다 한 매장에서 거의 두 배를 팔아 치울 정도로 인기를 끌었다. 1994년과 1999년에 열린 고객의 날 행사에는 무려 10만 대의 차량이 참석하여 대성황을 이룰 정도로 고객의 호응도 열렬했다.

문제는 기초 체력이었다. GM은 안정된 제조 역량, 충분한 자금력이 없었다. 잘 팔려도 물건을 제때에 대줄 수 없어서 판매점들은 만성적으로 재고 부족에 시달려야 했다. 더구나 일본이나 독일 차들과 경쟁하기 위해 가격을 너무 낮게 책정했다. 새턴 론칭 8년째인 1993년 GM은 미국과 캐나다에서 75억 달러의 적자를 보고 있었던지라 새턴 브랜드를 끌고 갈 여유가 없었다.

GM이 각오를 다지고 내놓은 새턴이지만, 구조적인 약점을 어찌할 수는 없었던 것이다. 혁신적인 노사 공동 파트너십으로 노사 갈등은 사라졌지만 생산량에 비례해서 결함률도 급격하게 올라가서 대규모 리콜 사태를 겪기도 했다.

새턴의 체험 전략을 무너뜨린 것은 전사 마인드를 고집하는 전통 세력과 예술가적 마인드를 가진 혁신 세력이 제대로 화합하지 못했다는 점이었다. 특히 GM의 경영진과 미국 자동차 노조 간부진 등 전통 세력은 과거의 환경에서 누리던 기득권을 포기하려 들지 않았다. 가장 괜찮은 브랜드인 새턴을 확실하게 밀어서 GM 그룹 전체에 생명력을 불어넣는 모험을 하기보다는, 같은 부품과 같은 기업 문화를 공유하고 비용 경쟁의 대열에 합류시키기 위해 브랜드를 공중분해시킨 것이다. 이 과정에서 자동차 노조의 적극적인 협력이 있었다.

이런 면에서 폭스바겐의 체험 마케팅은 많은 것을 시사한다. 체험의 창조적 본질에 주목하여 기업의 역량을 집중하면 고객과 시장은 물론이고 지역 공동체도 큰 축복을 받게 된다.

폭스바겐의 '아우토슈타트Autostadt'는 세계 최고이자 최대의 자동차 테마파크다. 독일어로 자동차 도시라는 말이 전혀 어색하지 않을 만큼, 철두철미하게 자동차를 위해 만들어진 공간이다. 2012년 한 해에만 230만 명이 방문을 하고 독일관광청이 10대 관광명소 가운데 하나로 선정할 만큼 인기가 좋다. 새턴 브랜드의 공중분해가 사실상 시작된 2000년에 개장한 이곳은 단순한 놀이공원이 아니라 고객과의 유대와 소통을 위한 플랫폼이 되고 있다.

이곳은 자동차를 위한 디즈니랜드라 해도 과언이 아닐 만큼 고객에 대한 배려가 섬세하다. 단순히 자동차 마니아, 폭스바겐의 열혈 팬들뿐 아니라 가족 단위의 관광객들이 자동차를 주제로 최대한 즐겁고 편안하게 시간을 보낼 수 있도록 프로그램을 짜놓았다. 단순한 구경거리뿐 아니라 성인을 위한 장애물 코스, 어린이를 위한 코스, 안전교육 등 드라이빙 체험도 지속적으로 업데이트 되고 있다.

자동차를 만들고 판매하는 전통적인 프로세스에 충실하면서도 그것을 제대로 혁신한 것은 아우토슈타트 쿤덴센터Kunden Center/Customer Center일 것이다. 마치 할리우드 SF영화를 연상케 하는 이곳은 출고된 자동차를 고객들이 받아가는 곳이다. 거대한 자동차 격납고에서 자신의 차가 나오는 광경을 지켜보며 고객들은 미래 세계에 온 듯한 착각에 빠져들기도 한다. 또한 받아가기만 하는 게 아니라 각종 전시물과 홍보물, 이벤트를 접하며 폭스바겐 브랜드에 대해 다양한 지식과 감흥을 얻는다.

무엇보다 주목할 것은 폭스바겐 그룹 전체의 브랜드를 통합적으로 배려했다는 것이다. 각 브랜드마다 독자적인 전시관이 있고, 관람객들은 개개의 브랜드가 추구하는 노선과 철학과 기술 및 디자인의 특장점을 이해할 수 있다.

자신의 업에 충실하고, 기업 전체가 전략적으로 통합된 폭스바겐의 체험 전략 덕분에 아우토슈타트가 자리한 볼프스부르크^{Wolfsburg} 지역도 큰 혜택을 보고 있다. 수만 개의 일자리가 창출되고 숙박업소와 식당도 꾸준히 몰려드는 관광객들이 쓰고 가는 돈으로 넉넉한 수입을 올린다.

새턴과 폭스바겐이 우리에게 주는 교훈은 아주 명확하다. 겉멋을 부리지 말고 차근차근 실력을 쌓으라는 것이다. 체험이라는 가장 깊은 본질에 주목하는 기업은 전통적인 기업 역량을 새로운 프레임에 따라 해석하고 그 가치를 살릴 수 있다.

AQ 기업으로 변화하라

AQ 기업에 필요한
리더십

기업 활동은 전쟁으로 비유되며, 시장은 잔혹한 생존의 정글로 묘사된다. 실제로 기업의 뿌리를 찾아보면 '해적질'과 '전쟁'을 하던 군사적 상업 조직이었음을 알 수 있다. IBM은 스스로를 해군보다 유능한 군사 조직으로 자랑했었고, 20세기 중반의 경영학자들은 군사전략에서 핵심적인 조직과 전략을 배웠다. 그러한 전사의 전략은 한계에 봉착했다.

경쟁의 룰은 생존 본능이 아닌 창조 본능을 만족시키는 쪽으로 바뀌었다. 더 싸고, 더 빠르고, 더 크고, 더 센 것이 아니라 아름답고, 유쾌하고, 신성하며, 나와 통하고, 푹 빠져드는 그런 체험을 고객과 함께 만들어낼 수 있는 기업이 시장을 주도하게 되었다.

문제는 변화의 전략이다. IQ 시대의 습관을 버리고 어떻게 바꾸어야 하는가? 노동이 아닌 예술로 기업 활동을 바꾼다는 것은 무엇을 의미하는가? 결국 문제는 리더십이다. IQ 리더가 아닌 AQ 리더는 어떤 문제의식과 비전으로 기업과 시장과 사회를 이끌 것인가? 모든 리더가 그러하듯 리더는 개인과 시대의 화학 작용으로 탄생한다. AQ 리더는 더 그렇다.

중요한 것은 자기 내면의 AQ를 깨우는 것이다. AQ는 창조 본능이 깨어난 정도를 의미한다. 체계적인 훈련을 통해, 스스로의 삶과 역량에 대한 재평가를 통해 우리는 AQ 역량을 발견하게 된다. 과거의 방식으로부터 '이탈'하여 예술가의 눈으로 스스로를 재해석해보는 '용기'가 필요하다.

자기 내면의 창조 감성에 예민하게 반응하는 리더

먼저 필요한 것은 내면의 창조 감성에 예민하게 반응하는 것이다. 내가 생각하는 스티브 잡스의 최고 강점이기도 하다. 그는 시장이 아니라 내면의 창조 감성에 먼저 충실했고 그것을 제품으로 만들었으며, '패션 리더'가 되어 사람들에게 열정적으로 그것을 퍼트렸다. 현재 애플에는 그러한 사람이 없다. 아빠가 사다 준 장난감에 눈빛을 빛내며 호기심을 드러내고, 분해하고, 열광하는 아이처럼 애플 제품에 환호성을 지르는 리더가 말이다.

아이패드가 나오기 직전, 잡스는 아이패드를 소수의 저널리스트들에게 먼저 보여 주었다. 한 기자가 사전에 소비자 대상으로 뭘 조사했느냐고 물어 보았더니 잡스가 이렇게 대답했다고 한다.

"자기들이 원하는 것이 무엇인지 알아내는 주체는 소비자가 아닙니다."

어찌 보면 참 오만하고 달리 보면 천재답다는 생각도 든다. 만일 그가 천재라면 그의 천재성은 내면의 열망을 과감히 기술에 요구한 것에서 비롯했을 것이다. 물론 애플스토어 직원들의 증언에 따르면

AQ 기업으로 변화하라

그는 애플 본사가 있는 팔로알토의 애플스토어를 자주 찾았고, 직원들로부터 방문객에 대한 이야기를 아주 많이 들었다고 한다.

잡스의 성장 과정을 보면 이런 성향도 이해가 된다. 그는 양아버지 덕분에 캘리포니아의 실리콘밸리에서 사춘기를 보냈다. 한창 감수성이 민감할 때 컴퓨터라는 물건을 만났고, 또래의 사내아이들이 스포츠나 벗은 여자 사진에서 헤어나지 못할 때 그는 컴퓨터에 미치게 된다.

어른이 돼서도 마찬가지였다. 1979년에 제록스의 PARC 연구소에서 마우스와 그래픽 인터페이스를 처음 접했을 때 연구실에서 점프를 하며 미친 듯이 환호성을 질렀다고 한다.

"왜 이걸로 아무 일도 안 하십니까? 이거 정말 대단해요. 혁명적이에요!"

정작 제록스 연구원들은 왜 그렇게 좋아하는지 이해를 못했다. 그들은 최고의 제품 사용자, 붓과 물감 하나에도 목숨을 거는 예술가가 아니었기 때문이다.

자유분방했던 그의 행동을 보면 1960, 70년대에 미국을 강타했던 히피 문화의 영향도 감지할 수 있다. 극단적인 자유를 추구하고 기성세대를 마음껏 조롱하며 문명과 기술로부터 벗어나 자연으로 돌아가려던 젊은이들. 잡스도 바로 그런 20대 가운데 하나였을 것이다. 또한 선불교의 영향도 적잖이 받았다고 한다(그의 일본에 대한 편애 역시 여기서 기인하는지도 모르겠다).

하지만 그는 언제나 영민한 컴퓨터 마니아였다. 제록스의 마우스는 만드는 데 당시 돈으로 무려 3,000달러가 들었고 내구성도 떨어졌다. 잡스는 그것을 15달러에 오래도록 쓸 수 있는 상품으로 탈바꿈시켰다. 단순하고 직관적인 인터페이스를 가진 운영체제도 제록스가 개발했던 프로토타입과는 비교하기 힘들 만큼 대중적이었다.

그는 자신이 만든 물건을 쓰고 싶어 했던 기술 마니아였다. 그리고 지나치리만큼 솔직하고 욕심이 많았다.

당신의 손과 머리와 허리와 다리로 하라

세상이 커질수록 우리는 점점 더 간접성에 익숙해진다. 최종적인 제품과 서비스에 대하여 '무감각' 해지고 '무책임' 해진다. 신체성을 포기한 대가다. 당신의 손과 머리와 허리와 다리로 해야 한다. 현장의 리더십은 그래서 중요하다. 예술가로 상상하는 것을 넘어 예술가가 되어야 한다.

예술은 세상과 나의 몸을 직접 연결해준다. 음악, 회화, 조각, 무용, 시 등을 통해 우리 몸의 지능은 최고 수준으로 도약한다. 빠르고 기계적인 업무와 잡무를 처리하느라 일상적인 감각에 갇혀 있던 창조적 본능이 그렇게 해서 깨어난다. 더 깊은 공감 능력, 인지하고 해석하고 판단하는 능력, 타인과의 보편적 유대감을 높이는 능력이 깊어진다.

'감상'은 실천을 따라잡을 수 없다. 남들이 만든 것을 감상하는 것은 결코 체험이 아니다. 손으로, 다리로, 온몸으로 예술가가 되어야 한다.

지시하는 것은 대단히 위험하다. 나는 크라운해태의 모든 예술 체험 프로그램을 직접 내 손으로 해본다. 몸으로 느끼는 것과 보고서나 영상자료로 파악하는 것은 다르다. 직접 해보면 머리가 아니라 몸으로 알게 된다.

이러한 사고방식을 '낡은 구닥다리'로 폄하할 수도 있다. 현대의 비즈니스는 거대하고 복잡하기 때문이다. 소규모 예술 체험 정도에나 어울릴 발상을 비즈니스 전체로 확장할 수 없다고 비판할 수 있다. 리더는 큰 틀을 봐야 한다고 말할 수도 있다.

내가 걱정하는 것은 고객의 가슴으로부터 멀어지는 것이다. 멋진 제품을 만들었는데 왜 팔리지 않을까? 고객을, 고객의 창조 감성을 알지 못하고 알더라도 느낄 수 없기 때문이다.

창조성이라는 미명하에 모든 계산을 컴퓨터에 맡겨버리는 것은 올바른 선택일까? 단순한 계산은 기계에게 맡기고 인간은 더 고도하고 철학적인 사고를 해야 한다고 말하지만 내 생각은 다르다. 단순한 계산을 통해 과정 하나하나를 몸으로 답습하면서 성장하는 것이 지금 시대에는 더 중요할 수 있다.

창조란 어떻게 이뤄지는가? 그것은 몸의 감각을 통하지 않고서는 온전히 체득될 수 없다. 물리학자 빅토르 바이스코프는 컴퓨터 실험만으로 작업하는 MIT의 제자들에게 이런 말을 했다고 한다.

"여러분이 가져온 실험 결과를 보면, 컴퓨터는 답을 알고 있는 게 분명해. 하지만 자네들은 모르는 것 같아."

갈수록 컴퓨터는 똑똑해지고 강력해진다. 컴퓨터는 이제 스스로 학습까지 할 수 있다. 18개월에 한 번씩 두 배로 강력해지는 '무어의 자식들Chip' 덕분에 인간이 축적한 지식을 스펀지처럼 흡수하여도 전혀 힘들어 하지 않는다.

시장에만 얽매이지 마라, 상상의 한계를 시험하라

핵심은 고객이다. 고객의 창조 욕망이다. 이것을 충족시키기 위해 어떠한 수단이라도 유연하게 받아들일 수 있어야 한다. 격변하는 환경 속에서 실수가 되었건 지혜로운 선택이 되었건 생명체가 쉬지 않고 조금씩 변화했듯, 우리 또한 고객의 창조 욕망이라는 하나의 목적에 봉사하기 위해 조금씩 새로워지는 것을 게을리하지 말아야 한다. 변화란 기존의 것을 고집하지 않는 것이다. 변화란 무조건 버리는 것이 아니다. 기존의 것을 새롭게, 더 깊이, 더 큰 틀에서 바라보고 멀리 떨어진 곳에서 관조해보는 것이다. 변화에서 기존의 유산과 현실의 새로운 요구는 늘 딜레마를 만든다. 기업은 이를 해결하기 위해 창조적 인재를 필요로 한다.

인재에게 시간적 여유, 풍부한 사유, 지식과 열정, 사회적 인정과 격려, 멘토링, 훈련과 기술을 제공해야 한다. 성급할 필요는 없다. 성급한 변화는 예술과 기존 비즈니스 모두에 해롭다. 할 수 있는 것부터 차근차근 창조하고 보여주어야 한다.

이것은 일종의 문제 제기다. 우리에게 없고, 우리가 심지어는 '되지도 않을 허튼소리'라고 치부하던 영역을 건드린다. 기술 개발도 버거운데, 마케팅도 버거운데 예술? 예술가가 되라고? 고객을 창조의 주체로 만드는 예술가 기업이 되라고?

문제 제기 없는 혁신은 불가능하다. 포니를 만들 때도 그러했고 반도체를 만들 때도 그러했다. 죠리퐁을 만들 때도 동일한 이야기를 들었다. 불가능하다. 근거는 과거의 영광스런 업적들이다. 아이러니하게도 과거의 영광스런 업적들 또한 불가능하다는 비난과 비아냥 속에서 쌓아올려진 금자탑이다.

우리는 능동적인 '삽질'을 해야 한다. 환경 변화에 끌려가듯 대응할 여유는 없다. 능동적으로 예술가적 기업이라는 도전 과제를 손에 쥐어야 한다.

고객들은 예술을 갈망하고 있다. 무수한 예술적 창조의 계기가 세상에는 숨겨져 있다. 우리가 조금만 상상의 눈을 뜨고 바라본다면 말이다. 막대한 비용을 들여 값비싼 장비와 공간을 만들어야 한다는 고정 관념에서 벗어나보자.

신화의 시대에 사람들은 이런 것들이 설마 현실화될 것이라고는 꿈도 꾸지 못했다. 신들의 영역이 있고, 언젠가 인간을 응징하거나 구원할 것이라고는 믿었어도 설마 그런 일을 인간이 해낼 것이라고는 생각할 수 없었던 것이다.

비즈니스는 상상의 한계에 부딪혔다. 인류가 역사의 여명에서부터 꿈꿔왔던 신화적 상상력, 미래에 대한 열망을 자본주의와 기업의 전사들은 이뤄내고야 말았다. 이제는 어디로 가야 하는 것일까?

기업은 이제 예술을 능동적으로 포용함으로써, 스스로가 축적해왔던 역량에 잠재된 전혀 새로운 힘을 해방시켜야 한다.

스스로 체험하고 즐겨야
변할 수 있다

사람들은 어느 정도 이상의 소득 수준만 되어도 소비를 한다. 문제는 사람들이 소비를 하고 싶은 동기 부여가 부족한 것이다.

스포츠를 예로 들어보자. 피겨스케이팅에 대해 제대로 아는 사람이 과연 몇이나 될까? 얼마 없을 것이다. 우리나라에서 그나마 성공적으로 정착한 종목은 야구와 축구 두 가지다. 피겨스케이팅은 알면 알수록 아름답고 우아한 예술적 스포츠이다. 그에 대해 아는 사람들이 늘어나면 어떤 변화가 생길까? 피겨와 관련한 다양한 시장이 생겨나게 된다.

나는 AQ 교육을 적극적으로 강화해야 한다고 본다. 예술 속에 감춰진 인간의 창조적 본성을 최대한 깨우는 교육이야말로 자본주의 경제에 새로운 '수요'를 가져올 것이라고 믿는다.

예술은 기술을 딛고 올라섰으며 기술을 완성하고 그것에 실체와 의미를 부여했다. 예술적 욕망은 또한 기술에 막대한 자극과 도전 과제를 던져주곤 했다.

디자인이나 음악 등에 갇히지 말고 예술 전체를, 예술 속에 뿌리 깊이 박힌 인간의 욕망과 실체를 응시할 수 있어야 한다. 그 순간 우

207

AQ 기업으로 변화하라

리의 비즈니스는 뒤바뀔 것이다.

크라운해태는 가건물 조립을 해보면서 고딕성당이나 황룡사 대목탑을 지은 장인들의 고뇌를 느껴볼 수 있었다. 해보는 만큼 느끼고 느끼는 만큼 더 알게 된다.

예술을 즐길 줄 알고 창조할 수 있는 고객이 많아질수록 시장은 커지고 수준도 높아질 것이다. 포드가 자동차를 살 여력이 있는 고객을 창조했듯이 이제 우리는 예술을 알고 즐기며 평가해주는 고객과 시장을 창조해야 한다. 창조와 열정을 구매하는 고객과 시장은 이미 서서히 주변에서 중심으로 들어오고 있다. 이러한 AQ 고객을 먼저 사로잡는 기업이 시장의 주도자가 될 것이다. 애플의 엄청난 이익률이 그것을 보여주고 있다.

수준 높은 고객이 최고의 경쟁력이다. 고객은 기업 환경이다. 한국 사회의 까다로운 고객은 세계적인 경쟁력을 담금질하고 있다. 그러나 고객에 대한 수동적인 반응으로는 더 이상 비전을 찾을 수 없다. 고객을 창조해야 한다. 패러다임을 바꿔야 한다. 정보 인프라, 소통의 인프라가 사회 전반에 보편화되었다. 그 기반 위에 우리는 씨앗을 뿌려야 한다.

모든 고객은 사실상 학교라는 시스템에서 태어난다고 할 수 있다. 예로부터 위대한 사상가들은 학교라는 시스템에 대하여 비판을 가하곤 했다. 예를 들어 미국의 위대한 소설가 마크 트웨인은 교육 시스템에 대해 이렇게 조소하기도 했다.

"신은 학교를 창조하셨다. 이것은 연습 게임에 불과했다. 교육위원

회를 만들기 위한."

현재 세계적인 석학들은 교육의 위기를 이야기한다. 이런 상태로는 더 이상 창조적인 인재를 키울 수 없다는 우려와 비판의 목소리가 벌써 몇 십 년째 계속 나오고 있다.

나는 학교라는 시스템은 결국 사회가 요구하는 객관적인 몇 가지 기준과 지식을 대량으로 전달하는 기능 이상을 하기 어렵다고 본다. 그 속에서 조금이라도 더 많은 학생들이 객관식 홍수에 질식당하지 않고 살아남을 수 있게 제도적 보완 장치를 설치하느냐가 교육 제도에 기대할 수 있는 최선이라고 본다.

나는 기업의 사회적 역할이 중요하다고 생각한다. 기업은 고객과 결합하여 적극적으로 이윤을 창출하는 기반을 닦아야 한다. 예술적 소비자, 예술 지성을 갖춘 고객 기반을 닦는 것은 기업의 중요한 임무라는 것이다. 기존의 협소한 제도 교육이나 개인들에게만 교육을 맡겨서는 기업의 미래는 밝아지지 않는다. 각종 재단을 통해 박물관이나 미술관을 세우는 것도 중요하지만, 보다 효과적이고 직접적으로 기업 경영의 프로세스 속에 고객과의 예술적 교감을 포함시키려는 노력이 필요하다고 본다. 연령과 성별, 지역을 가리지 말고 기업은 적극적으로 고객 참여의 장벽을 제거하고, 보다 쉽고 열정적으로 고객들이 기업 안으로 들어올 수 있는 장치와 인센티브를 제공해야 한다.

사실 많은 고객들은 노동에서 '소외' 되어 있다. 참으로 오지랖 넓고 나서기 좋아하는 것이 한국의 소비자들이다. 그들의 의견과 열정을 기업 프로세스 속으로 통합시킬 수 있다면, 그리고 그들의 감성과 지성에 예술이라는 강력한 촉매제를 결합시킬 수 있다면 우리 기업들의 미래는 매우 밝을 것이라고 나는 확신한다.

왜 굳이 예술을 체험해야 하는가?

AQ는 어떤 인간에게도, 어떤 조직에게도 외부에서 강제로 이식되거나 도입될 수 없다. 스스로의 몸으로 꾸준히 실천하지 않는 한 깨어나지 않는다.

기업의 행보를 보면 미술 작품을 구매하여 전시하거나 사내 박물관을 만드는 업체들이 종종 있다. 그것은 쉽고 성과도 빠르게 가시화될 수 있는 방법이다. 하지만 크라운해태는 느리고 어리석게 전진한다. 송추 아트밸리는 아주 쉽게 조성할 수 있다. 인부를 쓰면 금방 나무를 베고 건물을 세우고 장비를 들여올 수 있다. 외부 전문가를 초빙하여 강연을 대신 맡길 수도 있다.

우리는 그렇게 하지 않고 있다. 나이 50을 넘긴 임직원들이 낫과 전기톱을 들고 나무를 자르고 돌을 옮긴다. 우리 손으로 직접 땅을 파고 철조망을 친다. 파이프와 패널을 들고 몇 시간 동안 땀을 흘리며 가건물을 짓는다. 우리가 직접 개발한 장비로 연습을 하고 고객들을 가르친다. 외국에 전시될 박스 아트 작품도 우리 손으로 직접 만든다.

외부 전문가가 한다면 더 빠르고, 더 저렴하고, 더 멋지게 만들어낼 수 있을 것이다. 하지만 그럴 경우 우리 구성원들은 다시 한 번 AQ 경영으로부터 소외될 수밖에 없다. 포드 시스템의 가장 치명적인 한계는 경영으로부터 구성원들을 철저히 소외시켰다는 것이다. 구성원들을 기계의 일부로 만들고, 그저 맹목적인 소비를 통해서만 행복을 느끼도록 만든 것이다. 20세기 자본주의, 대량생산-대량소비 시대의 패러다임은 이제 기업 내부에서부터 철저히 극복되어야 한다.

나는 크라운해태 그룹의 전 직원들에게 장승 만들기나 조각하기, 3D 모델링하기, 병 아트를 적극적으로 권장한다. 그리고 시 낭송을 자주 시킨다. 모두 온몸을 써야 할 수 있는 것이다. 장승을 만들고 조각을 하려면 온몸이 동원되어야만 한다. 평소에 쓰지 않던 모든 부위가 조화롭게 움직이지 않으면 제대로 된 작품을 만들 수 없다. 프로페셔널 조각가나 예술가들에게 물어보면 가장 힘든 것이 손이나 몸이 제대로 따라주지 않는 것이라고 한다. 뇌와 몸의 협응 능력이야말로 예술이라는 노동 행위의 가장 본질적인 구성 요소라고 그들은 이야기한다. 몸으로 느끼고, 몸으로 사고한다는 것이 어떤 것인지를 온몸으로 느끼게 해주는 것이 바로 조각이고 장승 만들기인 것이다. 시 낭송도 마찬가지다. 예술적 감성을 '충전'하기 위해 유명한 소설이나 시를 감상하는 것으로는 부족하다. 그것은 스트레스 해소나 마음의 안정 이상으로 나아갈 수 없다. 낭송은 온몸으로 하는 것이다. 단전에서 우러나오는 발성 훈련을 하는 것이 낭송의 참된 목적이다. 노래도 그저 목만 쓰는 것을 넘어 온몸으로, 배 밑바닥에서 온몸을 돌고 돌아 목으로 빠져나오는 소리를 낼 때 진정한 몰입을 맛볼 수 있다.

박물관, 전시장, 콘서트홀을 찾는 것도 나쁘지 않다. 다만 매우 부족할 따름이다. 감상으로는 결코 감성을 깨울 수 없다. 우리는 영혼을 울리는, 온몸의 에너지를 폭발시키는 예술 훈련을 해야 한다. 그리하여 내 안에 억눌려 있던 예술 지성을 깨워야 한다.

나는 온몸을 움직이며 우리의 미적 감수성을 충족시키고, 예술혼을 폭발시키는 것이라면 무엇이든 환영한다. 많은 여성들이 방이나 집 안을 꾸미며 깊은 심미적 만족감을 느낀다. 남성들 또한 오디오 장비를 구입하고 방 안을 콘서트홀처럼 꾸미며 예술적 충족감을 맛본다. 좋은 것이다. 어떤 가수는 옷을 자기 마음대로 바꾸고 꾸미면서 예술적 감성을 키운다고 말한다. 좋은 것이다. 자기만의 패션을 코디하는 것, 옷은 곧 몸을 만드는 것이다. 스스로를 장식하거나 단정하게 만드는 것은 패션과 예술의 본질적 특징이다. 댄스를 배우는 것도 권장하고 싶다. 댄스는 온몸을 풀어주고 몇 가지 제한된 동작에 굳어버린 우리의 몸을 본질적으로 해방시킨다. 중년의 직장인이 춤을 통해 새로운 자신으로 거듭나는 영화 〈쉘 위 댄스〉를 보라. 밴드를 구성하여 온몸으로 노래를 터트리는 것도 좋다. 비지땀을 흘려가며 망치와 끌, 대패로 집이나 가구를 만드는 것도 좋다.

뜨개질처럼 아주 작은 몸짓에서부터 춤처럼 폭발적인 몸짓까지, 좌뇌 중심의 사고를 넘어서 우리의 존재 그 자체로 사고하고 느끼는 것이 우리가 지향해야 할 예술 행위의 목표다. AQ는 결코 머리 좋은 IQ나 수동적인 감성 위주의 EQ에 머물지 않는다.

몰입은 몸의 상태이다. 그것은 문학도 마찬가지였다. 문자가 없었던 시절, 모든 위대한 문학 작품은 몸으로 전승이 되었다. 호메로스의 서사시 〈일리아드〉는 횃불이 타오르는 신전에서 떨리는 몸을 주체할 수 없는 낭송자의 가슴과 입과 배에서 우러나는 소리로 수백 년을 이어졌다. 우리 민족의 위대한 서사시 〈바리데기〉는 무녀와 무당의 입과 머리와 춤을 타고 면면히 이어져 내려왔다. 홍길동 이야기도, 성춘향과 이몽룡의 질펀한 사랑 이야기도 촛불 밝힌 사랑방에 앉은 더벅머리 총각의 몸에서 울려나오는 목소리를 타고 서민들의 가슴에 스며들었다.

우리는 몸을 새롭게 만들어야 한다. 짧게는 몇 년에서 길게는 십수 년까지, 우리의 몸은 철저히 4지선다형 문제 풀이에 길들여졌다. 아무리 감상을 하고, 창조적인 이론을 접하고 강연을 듣는다 해도 우리의 몸이 변하지 않는 한 지금의 상태에서 벗어나지 못할 것이다. 수동적인 나, 창조와 도전을 두려워하는 나, 정해진 가능성과 내려온 '오더'만을 생각하는 나에서 벗어나고 싶은가? 용기는 가슴의 문제다. 배짱은 배의 힘, 뱃심이다. 창조는 우뇌의 문제가 아니다. 그것은 팔과 다리와 머리와 가슴과 배가 모두 움직이고 그 모든 곳으로 자유롭게 에너지의 파도가 몰아치는 것이다.

당장에 써먹을 수 있는 것만 생각하는 습관적인 사고에서 벗어나기란 무척 어렵다. 비용 절감 위주의 사고, 효율성 위주의 관행. 분명한 경쟁력이고 잘 실행할수록 기업에게 큰 힘이 된다. 다만 그것만 하는 것은 최악의 어리석음이다.

예술 체험은 우리를 그러한 기능주의적이고 비용 만능의 협소한 사고 프레임에서 벗어나게 한다.

그것은 본질적이고 원형적인 '창조 행위'이기 때문이다.

이미 응용되어 있고 구체화된 것을 위주로 접근하면 특정한 편견에 매몰되기 쉽다. 난 그래서 미술 중에서도 특히 추상 미술과 조각을 선호한다. 때 묻지 않고 기존의 '코드'를 차단해버리기 때문이다.

예술 감상이라면 모를까, 예술을 직접 행하는 것을 낯설어 하는 사람이 적지 않을 것이다. 하지만 예술과 자신을 분리하여 바라보는 것은 서구적 편견이다. 전통적으로 아시아에서는 예술을 인격 수양의 도구로 간주하는 경향이 강하였다. 한국, 중국, 일본 같은 동아시아 국가들이 모두 차 문화를 중시하고, 그림도 정신 수련을 위한 활동의 일환으로 여기는 등 예술을 일상에서 즐기며 생활의 일부로 여겨왔다. 그러다가 서구의 모델을 기반으로 근대화가 이루어지고 유럽의 순수예술 체계를 답습하게 되면서 예술과 일상의 분리가 이루어지게 되었다.

일에만 몰입한 나머지 여가 시간을 창조적으로 즐기지 못하는 이들이 있다. 우리는 흔히 이런 사람들을 '일벌레' 또는 '일 중독자'라고 부른다. 일 중독이 오래 지속되면 바람직한 여가 생활을 통한 다양한 경험이 결여되면서 창조성을 상실하고 일 자체를 즐기기보다는 승진만을 목표로 기계적으로 일하는 불쌍한 사람으로 전락하기 쉽다.

어찌 보면 현재의 기업 조직은 그런 사람들로 가득 차 있을지 모른다. 나는 그런 사람들의 창조 본능을 깨우기 위해 고심하다 AQ라는 개념을 생각해냈다.

AQ는 한마디로 예술가적 기질을 반영하는 정도, 즉 예술가적 지수를 뜻한다. 음악, 조각, 미술 등등 예술 작품을 만든 다음 프로페셔널 예술가를 100으로 했을 때, 나는 그들에 비해 어느 정도 레벨에 있는지를 판단해보는 것이다. 만들어낸 작품의 수준, 예술에 대한 감상 능력, 창조적 사고와 같은 예술적 구상 능력 등을 프로 예술가들과 비교-판단해보며 스스로의 AQ를 가늠해볼 수 있다.

AQ를 이야기할 경우 사람들은 반사적으로 예술과 나는 무관하며 그것은 고상한(때로는 괴팍하고 이해하기 힘든!) 예술가들의 전유물이라고 생각한다. 하지만 현대 사회처럼 예술가와 일반인이, 그리고 예술과 일상이 분리된 것은 얼마 되지 않는다. 우리나라의 경우에도 조선 시대에는 '평민가객' 이라 하여 양반이나 예술인이 아님에도 시조를 많이 짓고 노래를 하여 유명세를 탄 사람이 많았다.

우리가 사는 시대는 점점 어린아이와 같은 예술가적 기질을 요구하고 있다. 기술이나 테크닉, 전략, 자본 등은 점점 흔하고 구하기 쉬워진다. 창조적 사고, 보다 정확하게는 예술적 사고와 감수성이야말로 이 시대가 간절히 요구하는 희소 자원이 됐다. AQ는 눈앞에 닥친 미래를 살아가기 위해 반드시 알아야 하는 '자격 요건' 이 되고 있다.

다만 AQ는 학창 시절에 지긋지긋하게 싫었던 미술이나 음악 시험처럼, 어떤 객관적인 측정법을 통해 사람들을 서열화하는 도구가 아니다. 나 자신이 예술가라는 사실을 자각하고 삶의 질을 최대한 업그레이드 하는 것이 궁극적인 목적이다. AQ는 시험이나 공부가 아니라, 음악이나 미술, 조각 등등 예술 행위를 해보면서 주관적으로 느끼고 체험하여 자각하는 것이다.

AQ 측정에서 가장 중요한 것은 '몰입의 경험'이다. 모든 시름과 고민을 잊고, 얼마나 집중하여 눈앞의 예술 행위와 작품에 빠져 들었는가? AQ는 바로 그것을 스스로 판단하는 것이다. 물론 예술 전문가들의 평가를 통해 점수를 매겨볼 수도 있다. 작품이 잘 나왔다거나 작품과 물아일체의 경지에 빠질 정도로 감상을 했다는 사실은 우리가 상당히 몰입했다는 간접적인 증거일 수 있다. 하지만 그것은 AQ 측정의 한 방편일 뿐이다. 몰입의 기쁨은 예술 행위의 순간에, 그것도 본인 자신이 가장 정확하게 체험할 수 있다. 나중에 말로 표현하기도 힘들다. 그것은 오직 자신만이 느낄 수 있는 '황홀한 내면의 기쁨'이다.

AQ는 자아 실현을 촉진하기 위한 수단이기도 하다. 오늘날 사회는 물질적인 것에 지나치게 빠져 있다. 예술 행위에 몰입하며 AQ를 측정하는 것은 자기 내면의 풍요로운 감성을 발견하는 과정이다. 우리는 작은 자갈 하나, 펜과 종이 한 장만 있어도 말로 형언할 수 없는 예술적 황홀경에 빠질 수 있다. AQ는 예술을 통해 경험한 내면의 풍요와 행복감에 대해 성찰하게 해준다. 그를 통해 외적 성공과는 완전히 차별화된 참된 '자아 실현'을 촉진시킨다.

AQ, 즉 예술 행위를 통해 내가 느낀 예술적 몰입감과 행복감에 대해 성찰하는 것은 비단 내적 만족이나 자아의 성장으로만 그치지 않는다. 우리는 예술 행위를 통해 내면의 힘을 발견하면서 외부 세계에 대해 보다 긍정적이고 창조적이며 개방적인 자세를 갖게 된다(동서양을 막론하고 모든 현자들이 성공은 결국 내면의 힘에서 비롯한다고 말했다는 점에 주목하자!).

예술 행위에 몰입하게 되면 새로운 시각에서 사물을 바라보게 된다. 작품을 하나 만들고 나면 부족한 점과 새로운 아이디어가 떠오르고 아무 두려움 없이 시도해보게 된다. 이는 자연스럽게 기존 지식에만 의존하면서 스스로를 속박하던 일상의 사고 습관과 충돌을 부른다.

AQ 측정을 통해 더 깊고 황홀한 몰입을 추구하는 습관이 들게 되면, 자연스럽게 일의 방식으로도 연결이 된다. 시키는 일만 하던 개미의 습관에서 서서히 벗어나 더 창조적인 시각에서 더 효율적으로 일을 처리하게 되는 것이다.

AQ는 변화라는 당위적 구호를 앞세워 나를 억지로 바꾸는 행위가 아니다. 내 안에 있던 거인, 노예처럼 묶여 있던 '어린 시절의 순수했던 예술가'를 깨우는 것이다. 그것은 몰입의 습관이며 어떤 관습이나 누군가에게 얽매이지 않는 자유로운 도전 행위이다.

AQ는 누군가의 강요로 시작될 수 없다. 그것은 개인의 선택이다. 분명한 사실은, 우리는 AQ를 통해 아주 어린 시절에만 잠시 느꼈던 그 풍요로움과 행복과 자유와 몰입감을 다시 회복할 수 있고, 그를 통해 우리가 그토록 갈구하던 '성공'과 '성취'를 맛볼 수 있다는 점이다.

예술을 이해하기 위해 알아야 할
현대 미술史

1_ 예술에 대한 일반적인 오해

우리는 흔히 예술은 일상과 분리된 특별한 어떤 것이라고 한정하여 생각하는 경향이 있다. 네일 아트, 메이크업 아티스트, 헤어 아티스트 등 요즘에는 예술이나 예술가라는 말의 폭이 예전보다 훨씬 넓어진 게 사실이다. 그럼에도 불구하고 누군가로부터 갑자기 "예술이란 무엇이며 어떤 사람들을 예술가라고 생각합니까?"라는 질문을 받게되면 자신도 모르게 나오는 별 상관이 없는 것이라는 생각을 밑바탕에 깔고 고귀한 것, 순수한 것, 정신적인 것 그리고 예술가는 그러한 것을 만드는 창조자라는 식으로 대답하게 된다. 아마도 예술이라는 단어를 듣는 순간 무의식 중에 바로 순수 예술을 머릿속에 떠올리기 때문일 것이다.

앞에서 잠깐 언급한 바와 같이 동서양을 막론하고 고대부터 2천년이 넘는 오랜 세월 동안 예술은 일상의 삶 속에 녹아 있었다. 이는 예술이라는 단어가 주로 순수 예술의 맥락에서 사용되는 오늘날과 상당히 많이 달랐다는 것을 의미한다. 순수 예술이라는 말 속에는 예술은 기능을 가져서는 안 되며, 오로지 순수한 감상만을 위해 제작되어야 한다는 의미가 내포되어 있다. 그렇다면 예술은 언제부터 무슨 이유로 순수 예술 체계를 만들게 되었을까? 처음부터 일상과 분리된 것이 아니었다면 도대체 어떤 과정을 거쳐 예술은 우리의 일상적인 삶에서 분리되기 시작했을까? 우리는 왜 예술은 특정 예술가들의 몫이며 우리와는 아무런 상관이 없는 것이라고 믿게 되었을까?

　앞으로 순수 예술 분야의 등장을 중심으로 예술이라는 개념이 어떠한 과정을 거쳐 오늘에 이르게 되었는지 간략하게 짚어보기로 하자. 이 과정을 살펴보는 것이 매우 중요한 이유는 첫째, 예술이 처음부터 일상과 분리되어 있었던 것은 아니라는 점을 상기할 수 있다는 것이다. 둘째, 이를 통해 태고 적부터 예술은 오늘날과 같은 순수 예술의 의미로 사용되어 왔다고 여기는 예술에 대한 우리의 일반적인 오해를 풀 수 있다는 점이며, 마지막으로 일상의 삶 속에서 우리가 예술가로서의 기쁨을 누릴 수 있는 근거를 찾을 수 있기 때문이다.

예술과 일상의 분리를 향한 과정

이제부터 예술은 어떠한 과정을 거쳐 일상으로부터 분리되고 순수 예술 체계를 다지게 되었는지 간략하게 검토하여 보고자 한다. 이러한 과정을 주도한 유럽의 역사를 통해 이를 살펴보자. 예술art이라는 단어의 어원은 라틴어 아르스ars인데, 이는 인간의 제작 및 제작 능력 전반을 지칭하는 테크네techne의 의미를 지닌다. 여기에는 우리가 오늘날 일반적으로 예술의 범주로 간주하는 시, 음악, 회화, 조각뿐 아니라 마술, 동물 소리 흉내, 연설, 구두 만들기, 농기구 제작 기술, 옷감 짜기, 의술, 말 조련술 등 다양한 기술이 포함되었다. 따라서 당시의 예술가라는 단어에는 오늘날 우리가 장인 또는 기술자라고 부르는 의미가 내포되어 있었다고 하겠다. 사실 일상용품을 공급하는 모든 사람들이 예술가들인 셈이었다. 축제나 저녁 만찬, 일상 토론에서 시나 음악을 즐겼고, 회화와 조각은 주로 건축물의 장식이나 일부로 사용되었다. 이처럼 모든 예술은 어떤 의미에서든 일상생활을 위한 기능을 지니고 있었기 때문에 근본적으로 일상과 분리되어 있지 않았다.

물론 고대 그리스인들이 모든 종류의 테크네를 동등하게 여겼다는 말은 아니다. 특히 플라톤과 아리스토텔레스의 경우에는 회화와 시, 비극 등을 다른 일상적인 기술보다 우위에 두고 보다 심도 있게 다룬 바 있다. 그러나 여전히 회화와 시, 비극의 실행 과정을 구두 제작, 옷감 짜기나 의술 같은 다른 기술들과 같은 것으로 보았기 때문에 그들 간에 특별한 계층 관계를 설정하거나 하위 개념을 두지 않았다. 또한 이 시기 몇몇 철학자들은 선박 기술, 구두 제작, 조각 등과 같이 제작자가 결과를 보장할 수 있는 것을 생산적인 예술로, 결과가 확실치 않은 의술이나 웅변술이나 언변술을 닦는 수사학 같은 것을 실행 예술로 구분하기도 하였으나 역시 오늘날과 같이 예술을 미술관이나 공연장 같은 특정 장소에서 감상만을 목적으로 제작되는 순수 예술에 한정하여 생각한 경향이나 흔적은 전혀 찾아볼 수 없다.

오늘날의 '미(美)'에 해당하는 고대의 단어 '칼론Kalon'도 지금보다 훨씬 광범위한 의미를 지니고 있었다. 우리는 주로 시각적이거나 청각적인 것에 한하여 아름답다는 표현을 쓴다. 물론 지금도 '아름다운 마음씨' 같은 표현을 쓰기도 하지만, 고대 그리스와 로마에서는 형태나 외양, 마음뿐 아니라 어떤 사람의 성격이나 습관, 사고 그리고 한 사회의 정치, 제도 등 매우 폭넓은 대상에 아름답다는 말을 적용하였다. 이러한 고대 그리스의 미 사상을 대변하는 가장 대표적인 철학자의 한 사람으로 플라톤을 꼽을 수 있다. 그는 《공화국Republic》, 《파이돈Phaidon》, 《고르기아스Gorgias》 등 여러 권의 저서에서 미에 관한 사상을 전개하였는데 비록 하나의 분명한 결론에 이르고 있지는 못하지만 미를 비례와 질서로 제시하는 한편 '유용한 즐거움'이라고 말하고 있다. 이처럼 고대 그리스에서 로마에 이르기까지 미와 예술에 있어서 유용성은 매우 중요한 개념이었으며, 이는 당시에는 일상과 예술이 연결되어 있었고 일상의 미와 예술의 미가 연속선상에 있었음을 말해준다.

이러한 사상은 지속적인 변화를 겪으면서도 중세를 거쳐 르네상스 시기까지 거의 그대로 이어진다. 특히 중세에는 자수, 세공 같은 분야가 회화나 조각과 동등하게 다루어졌으며, 5세기부터 13세기에 이르기까지 이 시기에 작성된 예술 목록에는 회화, 조각, 건축 외에 요리, 구두 제조, 항해술, 옷감 짜기, 말 조련술, 그 밖에 공 던지기와 같은 각종 묘기 등이 포함되어 있었다. 물론 이 시기에도 그리스 로마 시대와 마찬가지로 건축과 같이 복잡한 계산과 테크닉을 요하는 예술을 요리나 구두 제조 같은 일상적인 예술에 비해 우위에 두기는 하였으나 이들을 완전히 구분하지는 않았던 것이다. 또한 화가, 조각가, 건축가도 각각 약제사, 금세공인, 석공과 같은 길드(Guild, 중세 유럽의 동업자 조합)에 가입하여 활동하였다.

중세는 신앙의 시대였던 만큼 미의 개념 역시 인간이 만들어낸 결과물이나 행위에 대한 것보다는 하느님과 하느님의 창조물인 자연의 미에 관한 사색이 압도적으로 우세하였다. 그러나 그리스 로마 시대에 이어 중세에서도 미는 오늘날과 비교할 수 없을 만큼 광범위한 의미, 즉 감각적인 외양은 물론 거기에 도덕적 선량함과 유용성이라는 가치 모두를 내포하고 있었다. 달리 말하면 중세에도 목적이나 기능과 관계없이 그 자체의 감상만을 목적으로 하는 순수 예술 개념은 전혀 존재하지 않았다는 것이며, 더욱 중요한 것은 일상과 예술은 연속선상에 있었다는 점이다.

우리가 잘 아는 바대로 르네상스 시기에는 오늘날 우리가 사용하는 예술과 흡사한 순수 예술 범주로 나아가는 느리지만 점진적인 변화가 일기 시작하였다. 그러나 우리가 흔히 생각하는 것과는 달리 이 시기에도 그리스 로마 시대 및 중세와 마찬가지로 오늘날과 같은 예술의 개념이나 예술가상은 없었는데, 이것은 장인과 예술가의 의미가 혼합된 단어인 'artifice'가 주로 사용되었다는 점에서 분명히 알 수 있다. 다빈치나 미켈란젤로, 뒤러 같은 몇몇 예외적인 인물들의 대활약으로 우리는 르네상스 시기에 이미 오늘날과 같은 예술가 개념, 즉 자유를 최우선시하며 작품의 시작부터 끝까지 스스로 주제를 선정하고 완성해나가는 독립적이고 자율적인 예술가상이 정립되었던 것으로 오해하는 경향이 있으나 사실은 그렇지가 않았다. 이들 역시 교회나 후원자가 지정하는 주제 안에 묶여 있었으며 재료와 구성 등 세부 지시 사항이 적혀 있는 계약 내용에 맞추어 작업을 진행해야 했다. 시나 음악도 마찬가지였으며, 셰익스피어 같은 위대한 대문호의 희곡도 16세기 당대에는 배우의 개입이나 극단 연출가의 조율에 의해 개작되기 일쑤였다. 물론 그러한 환경 속에서도 자신만의 표현을 위해 부단한 노력을 기울인 점, 화가와 조각가, 건축가에 대한 전기가 출현한 점, 자화상의 눈부신 발전 등은 이전 시기와 확실히 구분되는 점이다. 동시에 이는 근대적인 의미의 자기표현과 독창성을 무엇보다 중시하는 자율적인 성향의 예술가의 등장을 향한 중대한 발걸음을 뗀 것이라 할 수 있다.

순수 예술의 등장

17세기는 오늘날과 같은 순수 예술 체계가 형성되는 데에 있어서 절대적으로 중요한 과도기였다. 절대군주제가 나타나면서 왕의 권위를 세우고 권력의 상징성을 극대화하기 위해 회화, 조각 및 시와 음악의 역할이 중대해지면서 구두 제작, 옷감 짜기 같은 일상적인 기술로부터 구분되는 계기가 된 것이다. 교회, 특히 교황의 막강한 후원을 받거나 왕의 총애를 받는 궁정 소속 화가, 시인, 음악가들은 이전의 artifice와는 구별되는 대우를 받으며 높은 지위와 부를 누렸다. 그 대표적인 예로써 스페인의 궁정화가였던 벨라스케스Velazquez를 꼽을 수 있다. 자신의 높은 신분을 자랑스럽게 담아낸 그의 유명한 작품 〈시녀들as Meninas〉(1656)에서 국왕 부부의 초상화를 그리고 있는 자신의 모습을 담고 있다. 이 작품은 그림을 그리고 있는 화가 자신의 모습을 화폭에 담은 역사상 최초의 그림으로 기록된다.

　이것은 고대와 중세를 거쳐 르네상스까지 이어지던 예술 범주에 커다란 변화가 일기 시작했음을 보여주는 증거라고 할 수 있다. 다시 말해 장인과 예술가가 혼합된 이미지와 예술과 기술이 혼합된 범주가 깨지기 시작함을 의미한다. 또한 17세기에는 절대군주제로 인해 위상이 향상된 회화, 음악, 문학을 하나의 분리된 범주로 묶으려는 움직임이 나타나기 시작하였으며, 회화, 조각, 건축은 교양 예술로 널리 인정받게 되었는데 이는 18세기에 갖추어지게 될 순수 예술 체계의 전조에 해당한다고도 할 수 있다. 그러나 이러한 움직임에도 불구하고 17세기에도 여전히 일상으로부터 분리된 순수 예술이라는 범주는 없었다. 일부 극소수의 화가나 작곡가들만이 높은 지위나 명성을 얻기는 했으나 대다수의 예술가들은 여전히 장인들의 동업자 연합인 길드에서 공동 작업 형태를 유지하였다.

18세기는 순수 예술의 범주가 등장하는 결정적인 시기였다. 예술가와 장인이 구분되고 미적 경험이 예술에 대한 체험을 설명하기 위해 사용되면서 일상의 다른 경험들과 확연하게 구분되기 시작하였다. 이로써 미와 예술이 일상의 모든 경험이나 인간의 제작 능력 전반을 지칭하기 위해 사용되어 왔던 고대부터 17세기에 이르는 오랜 기간의 전통이 무너지고, 순수 예술의 자율성 확보라는 새로운 전통 기반이 세워지게 된다. 이때부터 예술은 특정 계층을 위한 고귀하고 고상한 것이라는 의미를 획득하였다. 여기에는 여러 가지 원인이 있으나 가장 중요한 요인으로는 중산층의 확대 및 분화된 계층의 등장과 자기보다 신분이 위인 계층의 취향을 흉내 내려는 사회 경향을 들 수 있다. 이와 같은 과정에서 신분 간 취향의 구분이 생겨나고, 고상한 문화와 순수 예술의 공통된 장이 창조되었다. 즉, 고상한 감성의 소유자는 실생활에서의 이해관계를 떠나 순수한 감상만을 추구해야 한다는 것이다. 예를 들어 실제 사과는 먹고자 하는 욕망의 대상이나 그림 속의 사과는 그러한 욕망이나 유용성과 분리된 무관심한 관심의 대상이라는 것이다. 실질적인 기능에서 벗어난 순수한 감상의 대상을 의미한다. 이는 달리 말해 그림 속의 사과를 보면서 먹고 싶다고 생각하는 것은 저속한 취미의 사람들이나 하는 짓이라는 구분으로 이어진다. 이로써 예술이 유용성이나 일상성과 완전히 결별하게 되는 계기가 마련된 셈이며, 동시에 사회적 계층의 구별을 강화하는 일종의 도구가 된다. 프랑스의 유명한 사회학자 피에르 부르디외Pierre Bourdieu는 이러한 전통이 남아 오늘날에도 여전히 취향이 계층의 문제로 남아 있다고 지적한 바 있다. 그의 주장은 교육을 받을 만한 경제적 여유와 예술을 감상할 수 있는 충분한 여가가 주어진 계층에게만 순수 예술이 의미를 갖는다는 것이다.

이처럼 18세기에는 사회 계층의 변화, 자본주의의 확산 등과 더불어 순수 예술 제도가 본격적으로 등장하게 된다. 이때에는 미술관, 미술시장 등이 등장하고 활성화되면서 예술의 전문화가 더욱 촉진되고, 순수 예술 제도가 확고하게 기반을 다지게 된다. 미술전시회가 일반화되며, 특히 미술관은 예술의 자율성을 인정하고 교육하는 기관으로써 중요한 역할을 담당하였다. 미술 경매도 이즈음에 등장하였다. 이러한 예술시장의 등장과 활약으로 인해 화가, 작가, 음악가 등의 위상이 급상승하는 계기가 마련된 셈이다. 특히 출판시장의 급속한 발전과 저작권법 및 순회도서관의 등장, 후원자 체제가 시장 체제로 전환되면서 이전에는 작품에 관한 일체의 권한이 후원자에게

속해 있었던 것이 작가 자신에게 귀속되었다. 후원자가 제시하던 지시나 조건 없이 마음대로 작업할 수 있는 자유를 획득한 것이었다. 시장은 구매자가 미리 원하는 것을 제시하는 것이 아니라 만들어진 것을 선택하는 방식이기 때문에 예술가들에게 이러한 자유가 가능하였다. 18세기 말엽에 활동한 베토벤 같은 작곡가는 독립을 쟁취한 자의식 강한 작곡가상으로 잘 알려져 있다. 길에서 신분이 높은 귀족과 마주치더라도 인사를 하지 않았다는 일화 등 오늘날 우리가 가지고 있는 괴팍한 천재 예술가의 이미지로 종종 묘사되곤 한다.

　이 시기에 프랑스에서는 순수 예술을 지칭하기 위해 '아름다운 예술보자르, beaux-arts'이라는 용어가 일반적으로 사용되기 시작한다. 영어로는 주로 '고상한 예술polite arts' 또는 '순수 예술fine arts'로 번역되어 사용되었다. 후에 순수 예술이라는 단어가 좀더 우세를 차지하게 되면서 오늘날까지 이어지고 있는 것이다. 이때에는 예술, 학문, 과학의 완연한 분리도 이루어진다. 순수 예술 범주는 18세기 말에는 완전히 확립이 되었으나 사상가에 따라 구성은 다양하였다. 그러나 시, 음악, 회화, 조각은 반드시 포함되었고 때로 건축이 포함되기도 하였다. 사상가에 따라 춤, 수사학, 웅변술, 조판술 등이 추가되기도 하였다. 18세기 말에는 시, 음악, 회화, 조각과 건축을 포함한 다섯 가지 항목이 가장 일반적인 순수 예술의 범주로 받아들여지게 되었다. 건축은 다양한 산업재료의 등장과 함께 테크닉적인 측면이 부각되고, 기능성의 문제가 대두되면서 19세기 이후에는 순수 예술에서 분리되기도 하고 때로는 이 영역에 속하기도 하면서 혼란을 거듭하면서 오늘에 이르게 된다.

18세기에 순수 예술 체제가 확립되면서 이제 예술은 천재성과 영감 그리고 관조적 즐거움과 고상한 취미로 대변되기 시작하였다. 여기서 중요한 것은 예술에서 유용성이 완전히 제거되었다는 것과 예술가가 창작에 대한 완전한 자유를 손에 넣었다는 것이다. 또한 이로써 예술은 예술가의 넘치는 열정과 영감의 표현으로써 어떠한 현실적 기능도 지니지 않고 오로지 감상만을 목적으로 한다는 순수 예술 개념을 획득하게 된 것이다.

쉬너 교수에 따르면 18세기 초반까지만 해도 모든 사람이 무언가에 천재성이나 재능이 있다고 믿었던 반면 18세기 말에 이르면 천재성은 일부 몇몇 사람에게만 귀속된다고 생각하는 믿음이 번지게 되었다고 한다. 18세기를 거치면서 사회, 경제적 변화와 함께 순수 예술 개념이 자리를 잡고, 자유로운 창조자로서의 천재 예술가의 이미지가 굳어지게 되었다. 18세기 말에는 프랑스혁명이 일어나면서 예술을 정치, 사회적 일상과 통합하려는 움직임이 잠시 있었으나 이러한 노력은 실패로 돌아가고 귀족 계급의 붕괴와 더불어 후원 제도가 무너지고 시장의 활성화를 초래하면서 오히려 '예술을 위한 예술'이라고 하는 예술지상주의 내지 유미주의(唯美主義)적 사상이 급속도로 번져나가는 계기로 작용하게 된다. 이제 19세기에 접어들면 순수 예술은 일상과 완전히 분리되어 인간 구원, 종교와도 같은 신성하고 거룩한 것으로 받들어지는 특권을 획득하기에 이른다.

여기에 일조를 한 것이 당대의 주류 사상이었던 낭만주의이다. 낭만주의는 프랑스혁명이라는 잔혹한 유혈사태를 통해 인간의 이성이 지니는 한계를 절감하고 감성을 중시하게 되면서 우주, 자연과의 교감, 상상력을 무엇보다 중시하는 태도에서 비롯되었다. 예술에 있어서 예술가의 상상력을 최우선시하는 태도는 낭만주의의 산물이라 해도 과언이 아니다. 이때에 많은 지식인들은 예술이야말로 이성(학문)이나 과학이 은폐할 수 있는 진실을 드러낼 수 있다고 주장하면서 예술을 가장 높은 자리에 위치시켰다. 이제 18세기에 형성된 순수 예술로서의 예술의 개념은 완전히 구축되어 '순수fine'라는 단어 없이 예술이라고만 하여도 자동적으로 순수 예술을 지칭하게 되었다.

19세기를 거치면서 예술가는 종교의 사제와도 같은 숭고하고 신성한 사명을 지니는 존재 또는 가난 속에 고통받으면서도 창작에 대한 뜨거운 열정과 깊은 고뇌 속에 번민하며 새로운 세계를 창조하는 천재 예술가의 이미지를 굳히게 된다. 이렇게 해서 고대부터 수천 년동안 구축되어 왔던 일상 속에 자리 잡은 예술, 장인과 예술가가 결합된 제작자의 이미지는 완전히 사라지고 예술은 일상으로부터 완전히 분리되어 우리가 범접할 수 없는 어떤 것으로, 예술가는 우리와는 태생부터가 다른 천재적인 존재로 인식되게 된 것이다.

예술과 일상의 만남을 위한 시도와 실패

19세기에 '예술을 위한 예술' 사상이 퍼지면서 예술은 사회를 위한 봉사의 의무에서 완전히 벗어난 것은 물론 인간 구원을 위한 정신적이고 고귀한 것으로 신성시된다. 자신의 영감에 충실할 뿐, 그 어떤 구속이나 의무에 얽매이지 않는 고독한 천재 예술가들의 넘치는 상상력의 표출이라는 개념을 통해 순수 예술로서의 확고한 자율성을 보장받기에 이른 것이다. 그러나 이처럼 예술이 도덕이나 정치 또는 사회 전반의 상황과는 아무런 상관 없이 예술 그 자체만을 위해 존재해야 한다는 가치관에 대한 비판 역시 만만치 않았다. 예술이 이렇게 일상으로부터 분리되어도 되는가, 정말 사회를 위해 아무것도 하지 않아도 되는가에 대한 논의가 일면서 예술의 사회적 책임을 믿는 사람들과 예술을 위한 예술의 개념을 지지하는 사람들 사이에 논쟁이 불거지게 된다. 고티에, 보들레르, 와일드^{Oscar Wild} 등이 예술의 자율성을 강력하게 주장하며 예술지상주의를 지지한 대표적인 인물들이라면 그 반대편에는 예술과 사회와의 관련, 그리고 예술의 사회적 책임을 중시한 쿠르베, 키에르케고르, 톨스토이 같은 인물들이 있었다.

일상으로부터 벗어난 순수 예술에 대한 강도 높은 비난을 펼친 인물 중에 예술공예운동^{Arts and Craft Movement}을 주도한 모리스^{William Morris}와 그에게 사상적으로 큰 영향을 미친 예술 비평가 러스킨^{John Ruskin}을 들 수 있다. 러스킨은 예술이 일상으로부터 분리되는 현실을 날카롭게 비판하면서 순수 예술과 응용 예술, 예술과 공예, 그리고 예술가와 장인을 구분하지 않았던 중세 고딕 양식을 열렬하게 옹호하고 예술의 유용성을 강조하였다. 이처럼 고딕의 공동작업과 생활양식을 이상적으로 여긴 러스킨으로부터 영감을 얻은 모리스는 예술과 일상의 분리 및 예술과 공예, 예술가와 장인의 분리를 비난하면서 순수 예술과 공예의 결합을 추진하는 예술공예운동을 주도하였다.

그러나 톨스토이를 포함하여 예술의 사회적 책임을 주장한 사람들의 이론은 예술을 통한 인류 통합이라는 의도는 좋았으나 지나치게 도덕주의적이고 편협하여 설득력이 떨어지는 면이 많았다. 무엇보다 이미 후원자의 구속이나 종교, 사회에 대한 봉사의 의무에서 벗어나 자유를 만끽하는 천재 예술가 이미지가 예술가들 자신과 대중에게 퍼져 있었기 때문에 예술이 도덕과 혁명을 위해 봉사해야 한다는 그들의 이론은 전혀 매력적으로 들리지 않았다. 예술공예운동 역시 마찬가지였다. 예술을 대중에게 되돌려주어야 한다고 주장하던 예술공예운동은 고딕 시대에 대한 향수와 기계에 대한 반감에서 비롯된 수공예 중시 성향으로 인해 경비 절감에 완전히 실패하였다. 그들의 의도와는 달리 대중이 부담하기에는 턱없이 값이 비싼 제품들이었다. 결국 일부 부유층과 특권층만이 사용할 수 있는 수공예품만을 생산함으로써 실패로 끝나고 만다.

순수 예술을 옹호하는 분위기가 지배적으로 확산되고 예술에 있어서 형식의 완전성과 매체의 순수성을 강조하는 모더니즘이 주류로 자리매김하였던 20세기 초반에도 예술과 일상의 분리에 대한 저항이 끊임없이 시도되었다. 그러나 이러한 시도는 다른 의미에서는 성공적이었다고 하더라도 예술과 일상의 통합이라는 측면에서만 본다면 결과는 모두 실패라고 단언해도 좋을 것이다. 현대 미술의 예를 들어보면 그러한 실패가 극명하게 드러난다. 다다, 초현실주의Surrealism, 러시아 구축주의Constructivism, 그리고 바우하우스Bauhaus에 이르기까지 모두 그러하다. 제2차 세계대전 이후의 네오 다다, 팝 아트Pop Art에서부터 개념 미술에 이르기까지 모두 처음부터 순수 예술 체계 속에 있기를 원했거나 비록 시작은 그렇지 않았다 하더라도 체계 속에 흡수되는 데에 그리 오랜 시간이 걸리지 않았다.

다다는 1916년경 스위스 취리히에서 시작된 도발적인 반(反)예술 사조의 하나로 차라Tristan Tzara 1896-1963와 뒤샹Marcel Duchamp 1887-1968 등이 주도적인 역할을 하였다. 순수 예술 체계에 적대적인 입장을 취하며 예술과 삶의 통합을 추구하였던 운동이다. 초현실주의는 1924년 프랑스의 시인 브르통Andre Breton, 1896-1966의 선언문과 함께 시작되었으며 에른스트Marx Ernst, 1891-1976, 미로Juan Miro, 1893-1983, 달리Salvador Dali, 1904-1989 등이 이 운동의 대표적인 예술가들이다. 이들은 인간의 이성에 대한 비판으로 비합리성, 우연을 강조한 다다와 무의식의 세계를 파헤친 프로이트의 영향으로 무의식을 통한 관습 타파와 사회 반란을 꿈꾸었다. 그러나 다다와 초현실주의 모두 오히려 예술가들만이 무의식에 접근할 수 있는 특별한 사람들로 간주하게 만들었을 뿐 예술을 일상생활 속으로 되돌리는 데에는 아무런 역할도 하지 못하였으며, 곧 현대미술관의 전시 속으로 흡수되었다.

러시아 구축주의는 1917년경 타틀린Vladimir Tatlin, 1885-1953이 주축이 되어 전개된 운동으로 러시아 혁명과 긴밀한 관계를 맺으면서 예술의 유용성과 사회 참여를 강조하고자 하였다. 그러나 스탈린 정부가 추상적 조형성을 추구하는 이들의 미술을 난해하다는 이유로 박해하면서 쇠퇴하고 만다. 바우하우스는 건축, 미술, 공예를 결합한 학교로서 1919년에 설립되어 나치의 탄압으로 1932년 폐교할 때까지 많은 인재들을 배출하였다. 폐교 이후에는 주요 인물들이 미국으로 이주하여 활동함으로써 미국에 지속적인 영향을 미쳤다. 이 운동은 앞에 언급된 다른 운동에 비하면 훨씬 성공적으로 순수 미술과 응용 미술을 통합하고 예술과 공예를 결합하여 총체 예술을 창조함으로써 예술과 일상의 삶을 재통합하는 데에 큰 공헌을 한 것이 사실이다. 그러나 결국에는 다른 운동과 마찬가지로 순수 예술 체제의 미술관 전시와 미술사에 흡수되고 말았다.

제2차 세계대전 이후에도 순수 예술 체계에 반항하며 예술과 일상의 경계를 허물려는 시도가 지속적으로 이루어졌다. 전후에 새로운 미술 중심지로 떠오른 뉴욕을 살펴보면 우선 다다의 반미학 정신을 이어받은 '새로운 다다'라는 의미에서 네오 다다라 불리던 그룹을 예로 들 수 있다. 라우센버그Robert Rauschenberg, 1925-2008와 존스Jasper Johns, 1930-를 중심으로 한 이들은 일상용품을 미술에 도입하였고, 뒤에 등장한 팝 아트 역시 만화, 대중문화 아이콘 등을 미술의 주제로 끌어들임으로써 고상함을 우선시하는 전통적인 순수 예술 체제에 반항하였다. 그러나 이들은 체제가 인정하는 최고의 예술가가 되려는 야망이 컸으며, 따라서 처음부터 끝까지 이 체제 밖에 있었던 적이 없었다. 그들의 공헌은 대중문화를 도입함으로써 순수 예술 범주를 확대하는 데에 그쳤다.

개념 미술은 1960년대 후반에 등장한 개념을 중시하는 작업 태도로써, 전통적인 미술품 형식에 반발하여 결과물보다는 개념 자체에 중점을 두고자 한 미술 성향을 의미한다. 미술에서 가장 중요한 것은 결과물이 아니라 개념과 과정에 있다고 강조함으로써 회화, 조각 같은 결과물로서의 미술품만을 중시하는 미술의 전통적인 가치관을 강도 있게 비판하면서 삶 속에서의 예술을 강조하였다. 그러나 이들 역시 기존 미술 전시장 체제를 벗어나지 못하였고, 그 난해함으로 인해 오히려 예술을 대중과 일상으로부터 분리시키는 데 일조하는 결과를 낳았다.

지금까지 간략하나마 예술과 일상의 통합을 꾀한 모든 시도가 순수 예술 체계 속에 흡수되는 것을 살펴보았다. 여기서 알 수 있듯이 일상이 지니는 폭넓은 예술성은 완전히 무시된 채 지나치게 좁은 의미의 예술만을 강조하고 재능이 일부 천재 예술가들에게만 귀속된 것이라고 보는 시각이 오늘날 일반화된 것은 순수 예술 체계의 부작용임이 확실하다. 이제는 넓은 의미의 예술을 강조하여 좁은 의미의 예술과의 균형을 꾀하고, 예술의 일상성 회복을 위해 노력해야 할 때이다.

이제까지 순수 예술 체계가 어떻게 생겨나게 되었으며 그러한 과정을 거치면서 예술이 어떻게 일상으로부터 분리되기 시작하여 오늘에 이르게 되었는지 살펴보았다. 또한 현대 미술의 예를 통해 예술과 일상의 통합을 꾀하기 위해 어떠한 저항이 있어 왔으며 그러한 의미 있는 저항이 결국에는 순수 예술 체계 속에 흡수되어 버리는 통에 그다지 성공적이지는 못하였음을 간략하게 짚어 보았다. 공공미술은 예술가들 자신에 의한 시도에서 출발했다기보다는 여러 가지 목적을 위해서 국가적 차원에서 시작된 면이 많기 때문에 위에서 함께 다루지는 않았지만 예술과 일상의 통합이라는 차원에서 검토해볼 만한 가치가 있다.

　독일의 뮌스터 조각 프로젝트, 일본의 에치고 츠마리 대지미술제에서부터 한국의 안양공공미술 프로젝트에 이르기까지 낙후된 지역을 미술을 통해 변모시키고 지역 주민들의 자발적인 참여를 유도하는 방식의 공공미술은 이미 그 지역 개발 효과를 입증한 바 있다. 또한 멀리서 예를 찾지 않더라도 일정 규모 이상의 건축물 앞에 반드시 조형물을 설치하여야 하는 건축시행령 같은 공공미술 추진 법안으로 인해 우리 주변에서 흔하게 볼 수 있게 된 공공미술 작품을 떠올려보자. 이처럼 미술관, 갤러리 같은 특정 장소로부터 미술을 밖으로 불러내어 일반 대중과 일상 속으로 되돌려준다는 취지에서 공공미술에 대한 논의가 최근 더욱 활발하게 이루어지고 있는 추세이다. 그렇다고 예술과 삶의 통합에 효과적이라는 이유로 모든 미술 활동을 공공미술로만 제한하여야 할까?

그럴 수는 없을 것이다. 순수 예술 체계는 2세기가 넘는 기간 동안 독자적인 영역을 구축하였고, 일상생활에서 우리가 잊기 쉬운 삶과 죽음에 대한 깊이 있는 성찰, 세계에 대한 새로운 비전 제시 등 나름의 역할을 다하여 왔다. 그렇다면 순수 예술 체계를 인정하고 존중하면서도 예술과 일상의 통합을 꾀할 수 있는 방법은 없는 것일까? 여기에 대한 해답으로 나는 예술을 두 개의 층으로 나누어 생각하는 것이 바람직하다고 제안하고자 한다. 하나는 전통적으로 우리가 예술이라고 할 때 떠올리는 기존의 순수 예술 체계로써 이를 좁은 의미의 예술로 정의하기로 한다. 다른 하나는 특별한 절차나 방식 없이 마음먹기에 따라 일상 속에서 얼마든지 즐길 수 있는 넓은 의미의 예술이다. 홍가이 박사의 책《현대미술 · 문화비평》은 내가 말하고자 하는 넓은 의미의 예술에 대해 이론가로서 깊이 있는 성찰을 제시하여 주고 있기 때문에 많은 참조가 되었다. 관심 있는 분들은 꼭 한번 읽어보길 권하고 싶다.

넓은 의미의 예술: 예술의 일상성 회복

아시아에서는 예술을 인격 수양의 도구로 간주하는 경향이 강하였다. 한국, 중국, 일본 같은 동아시아 국가들이 모두 차 문화를 중시하고, 그림도 서예와 마찬가지로 정신 수련을 위한 활동의 일환으로 여기는 등 예술을 일상에서 즐기며 생활의 일부로 여겨왔다. 그러다가 서구의 모델을 기반으로 근대화가 이루어지면서 예술도 유럽의 순수 예술 체계를 답습하게 되었다. 이로써 서구와 마찬가지로 예술과 일상의 분리가 이루어지게 되었다.

그런데 흥미롭게도 역으로 서구에서는 뛰어난 철학자, 예술가들이 아시아의 불교 사상, 노장 사상 등에 심오하게 빠져들면서 서구 철학의 오랜 전통인 이분법을 허물기 시작했다. 선/악, 미/추 같은 대립이 없고 만물을 평등하게 대하는 선불교나 노장 사상은 이분법적 사고로 인해 문화, 예술 전반에 있어서 막다른 골목에 이른 서구 지식인들에게 훌륭한 탈출구가 되어 준 것이다. 이러한 현상은 1960년대에 68 학생 운동 같은 사회적 현상을 통해 표면으로 드러나기 시작한 듯하다. 팝 아트의 출현 이래 1960년대 후반부터 슬슬 예술계 전반으로 번지는 기미가 생기기 시작하더니 1980년대에는 전형적인 순수 예술 체계의 이분법, 즉 고급 예술과 대중 예술, 예술과 일상의 구분이 현저하게 약화되기 시작하였다. 이러한 추세가 아시아에 재수입되어 이제는 동서양을 불문하고 이분법 체계가 허물어지는 경향이 두드러지게 나타나고 있다. 가장 좋은 예로써 인터넷을 무대로 활동하는 네티즌을 들 수 있다. 평범한 일반인들이 블로그나 카페 운영 등을 통해 비평가, 저널리스트, 소설가로 활약하면서 전문가들 못지않은 사회적 영향력과 인기를 누리고 있다. 일반인과 전문가의 경계 역시 허물어지고 있는 것이다. 예술과 디자인의 경계도 급격하게 무너지고 있다. 물론 여기에는 동양 사상의 영향만이 아니라 고급 예술만을 지향하는 모더니즘에 대한 반발로 등장한 포스트 모더니즘의 작용도 무시할 수 없다. 어쨌든 중요한 것은 이러한 사회적 현상이 말해주듯이 이제부터는 좁은 의미의 예술 감상 및 창작 활동 참여와 더불어 넓은 의미의 예술의 중대성을 깨우쳐서 예술의 일상성을 회복해야 한다는 것이다. 이것이 시대적 요청임이 확실하기 때문이다.

자, 그러면 이제부터 넓은 의미의 예술이란 무엇인지 자세히 살펴보기로 하자. 한마디로 마음을 열어서 '유연한 마인드'를 가지고 그 순간에 빠져드는 황홀경을 경험하는 모든 긍정적인 행위를 말한다고 정의할 수 있다. 랭거 교수가 정의한 '유연한 마인드'라는 용어는 과거에 습득한 교육이나 자신의 경험을 통해 학습한 내용에 기계적으로 의존하지 않고 항상 경험에 대해 개방적이고 유연한 태도를 유지하는 것을 의미한다. 나는 이것을 '세상을 향해 열린 마음'이라고 말하고 싶다. 그날이 그날이라는 타성에서 벗어나 언제나 새로운 것을 시도하려고 하면서 세상을 향해 열린 마음을 가지고자 하면 자신과 타인, 그리고 세계를 향한 자각과 공감의 순간들을 일상 속에서 무수하게 경험하게 되며, 자신을 잊어버릴 정도로 깊은 집중력을 발휘하면서 황홀경을 경험하게 된다. 이처럼 자각과 공감, 그리고 황홀경이 부르는 의미 있는 순간 자체, 그리고 그러한 순간에 이루어지는 모든 행위가 전부 넓은 의미의 예술이다.

일찍이 1970년대에 요셉 보이스Joseph Beuys, 1921-1986라는 독일의 현대미술가는 자신의 삶에 대해 깨어 있는 의식과 열정을 가지고 살아가는 사람이라면 회사원이든 구두 수리공이든 상관없이 모두가 예술가라고 주장하면서 넓은 의미의 예술을 확산시키고자 노력한 바 있다. 그러한 본보기로써 그는 '자유국제대학^FIU, Free International University', '사회 조각^Social Sculpture' 같은 조직 및 운동을 실천하기도 했다. '자유국제대학'은 일반적인 입시, 교과목에서 탈피하여 누구라도 참여할 수 있도록 하고 참여자들이 자신들의 인생 경험을 나누면서 각기 다른 생존방식에 대한 존중을 배움으로써 의식이 깨어 있는 창조적인 인간 배출을 목적으로 설립되었다. '사회 조각'은 사회 전체를 하나의 훌륭한 예술품으로 간주하고 각 개인이 창의적으로 사회에 공헌하자는 의미에서 주창된 개념이었다.

《현대미술·문화비평》에서 홍가이는 넓은 의미의 예술을 'notice' 또는 'realize'라는 개념으로 설명하면서 추수가 끝난 늦가을 밤, 문 밖에서 들려오는 바람 소리에 귀 기울이며 잠자리를 뒤척이다가 20년 전 겨울을 회상하는 노부부의 예를 든다. 이처럼 평범해 보이는 노부부의 행위에는 몇 가지 중요한 요소가 내포되어 있다. 첫째, 심상치 않은 바람 소리를 감지하는 지각적 경험과 그러한 지각적 경험의 결과로써의 회상이라는 행위이다. 둘째, 이러한 지각적 경험과 그로 인한 결과를 아내와 나누며 공감하고 싶은 마음이다. 셋째, 경험을 나누기 위해 상대방의 회상을 유도하며 스토리를 구성해 대화를 나눈다. 넷째, 듣는 사람 역시 상대방의 의도에 따라 회상에 접어들며, 자신의 기억을 더듬으면서 대화에 동참한다. 이처럼 극히 평범한 것을 특별하게 인지하고 타인과 공유하는 것이야말로 우리가 일상에서 추구할 수 있는 최고의 예술인 것이다. 어떤 면에서 이는 예술이야말로 사회를 변혁시킬 수 있는 유일한 원동력이라고 믿은 보이스처럼 인류라고 하는 공동체의 정신적 교류를 향한 의지의 산물로서의 예술에 대한 믿음이 담겨 있는 것이라고 하겠다. 아무튼 순수 예술 체계를 떠난 넓은 의미의 예술에서는 주변에 널린 평범한 사물, 풍경, 소리라도 풍성하게 인지하고 타인과 공감대를 구축하는 일상적인 행위가 중대한 예술 활동으로 간주될 수 있다는 점을 인식하는 것이 무엇보다 중요하다. 일상생활 속에서 이러한 넓은 의미의 예술 활동에 주목하고 마음을 기울이는 것은 AQ 향상과 직결된다.

시카고 대학의 심리학과 교수 등을 거치면서 삶의 질 향상이라는 관점에서 창의력과 행복이라는 주제에 관해 지속적으로 연구해 온 헝가리 출신 심리학자 미하이 칙센트미하이Mihaly Csikszentmihalyi, 1934-의 유명한 '몰입flow' 이론도 넓은 의미의 예술이라는 맥락으로 재해석해볼 수 있다. 그는 자신의 저서《몰입의 즐거움Finding Flow》에서 삶의 질을 결정하는 것은 경험의 내용이며 경험은 생각하고 행동하며 느끼는 것으로 이루어지는데, 이러한 경험의 질을 높여주는 것이 바로 몰입이라고 설명한다. 여기서 몰입은 자신을 완전히 잊어버릴 정도로 상황에 빠져드는 무아지경의 상태로 그 순간의 흐름에 온전히 몸을 맡기는 것을 말한다. 그의 표현에 따르면 몰입이란 "느끼는 것, 바라는 것, 생각하는 것이 하나로 어우러지는" 순간이다. "몰입은 삶이 고조되는 순간에 물 흐르듯 행동이 자연스럽게 이루어지는 느낌을 표현하는 말"이다.

바람직한 삶에 대한 오랜 연구 끝에 그는 우리가 추구해야 할 가장 의미 있는 노력은 막연히 행복을 꿈꾸기보다는 최선을 다해 모든 일에 마음을 쓰려고 하는 데에 있다는 결론에 이른다. 평범한 한 사람의 인생을 의미 있게 만드는 것은 전과는 다른 방법을 통해 일상적인 일에 몰입해보는 것이며 그러한 몰입에서 오는 참된 창조적 즐거움이 우리 삶 전반에 대한 태도를 능동적으로 바꾸어 줌으로써 삶의 질을 높여준다는 것이다. 그러한 예로써 그는 공장에서 일하는 평범한 노동자 조라는 인물의 이야기를 들려준다. 조는 퇴근하면 어김없이 근처 술집으로 향하는 직장 동료들과 달리 저녁에 강의를 듣는 등 자기 분야의 전문 지식을 쌓기 위해 노력하고, 누가 부탁하지 않아도 항상 더 효율적이고 새로운 공정을 개발하기 위해 연구를 거듭하며 일에 매진한다. 여가 시간에도 집 안 작은 뜰에 독창적인 분수 제작 같은 창조적인 활동을 즐기는 이 사람의 이야기를 통해 삶의 질을 높이는 몰입의 중요성을 설명하는 것이다. 조라는 인물은 공장에서 근무하는 평범한 노동자이지만 칙센트미하이 박사가 강조하는 창조적인 사람의 세 가지 요건, 즉 전문 지식, 창조적 사고, 몰입을 모두 갖추고 있는 지극히 행복한 사람이다. 내 식대로 표현하자면 AQ가 무척 높은 창의적인 '생활의 예술가'인 셈이다.

칙센트미하이 교수의 연구가 지니는 중요한 특징은 진정한 행복이라고 하는 바람직한 삶의 질을 좌우하는 창의성과 몰입이 IQ 같은 타고난 지능에 의해 선천적으로 결정되는 것이 아니라 자신에 대한 믿음과 훈련, 교육에 따라 얼마든지 달라질 수 있다고 생각하는 데에 있다. 가장 중요한 것은 마음에 달려 있다는 것이다. 즉, 자신의 창조성을 믿고 개발하면 엄청난 창조성이 발휘되지만, '나 같은 인간에게는 창조성 따위는 애초부터 없었다'고 낙담하면 창조성은 발휘될 기회조차 얻지 못하고 사라지고 만다는 것이다. 결국 그의 연구를 요약하자면 몰입의 순간을 즐길 줄 알면 창의적인 인간이 되며, 따라서 몰입할 줄 안다면 어디에서 무엇을 하든 누구라도 넓은 의미의 예술가라고 할 수 있음을 의미한다고 하겠다.

이는 내가 말하고자 하는 예술가적 기질에 그대로 적용될 수 있다. 우리가 자신의 예술가적 기질을 믿고 그것을 개발하려고 하면 우리는 모두 다 어린 시절과 같은 창조적인 예술가로 돌아갈 수 있다는 점이다. 우리가 스스로를 예술가라고 믿으면 매사에 창의적으로 임하게 되므로 일상생활, 업무, 그리고 주어진 여가 시간에 능동적으로 몰입할 수 있는 기술을 자연적으로 터득하게 된다. 몰입은 창의성을 향상시키고, 창의성은 몰입을 황홀경으로 몰아간다. 이처럼 자신이 예술가라는 잊힌 기억을 되살리기만 하면 누구라도 몰입의 달인, 창의성의 대가가 될 수 있다. 만일 지금 그러한 삶을 실천하고 있다면 당신은 이미 누구 못지않은 훌륭한 예술가이다. 우리 주변에서 이러한 맥락의 예술가들을 얼마든지 찾아 볼 수 있다. 몇 가지 안 되는 재료로 맛난 음식을 만들어주시는 어머니, 똑같은 컴퓨터 프로그램을 사용하는 데도 항상 더 멋진 서류를 작성하는 김 대리, 작은 풀 한 포기에서 자연의 진리를 깨우치는 할아버지, 취미로 유화를 배우지만 마음만은 피카소인 박 부장, 모두가 훌륭한 예술가들이다.

우리가 마음만 먹으면 우리의 삶 자체가 예술이 되고, 우리는 그러한 삶을 창조해나가는 위대한 예술가가 된다. 예술은 절대 멀리에 있는 것이 아니다. 하다못해 아침에 입을 옷을 고르더라도 예술가적 기질을 발휘하면 그 과정 자체를 즐기게 된다. 그날의 날씨, 회사 일정, 나의 기분 등을 복합적으로 고려하여 몇 벌 안 되는 옷을 가지고도 멋진 컬러 배색을 만들어낼 수 있다. 설사 옷이 조금 낡고 촌스러운 디자인이라 해도 이렇게 즐기면서 마음을 다한 사람에게서는 어딘지 모르게 생기와 광채가 나면서 매력이 느껴지기 마련이다. 나 자신을 훌륭한 생활의 예술가라고 믿는 그 순간, 나도 예술가라는 믿음을 가지고 창조력을 발휘하고자 노력하는 바로 그 순간, 별 볼 일 없는 것 같았던 내 인생이 특별하게 느껴지기 때문이리라. 업무와 여가 시간에 두루 예술가로서의 삶을 살려고 노력하다 보면 내 몸에 흐르는 뜨거운 열정이 되살아나는 것을 느끼게 된다. 그것이 바로 엄마 몰래 방바닥에 마구 색칠을 하며 즐거워하던 어린 시절의 내가 되살아나고 있다는 유쾌한 증거이다. 예술은 결코 멀리에 있지 않다. 바로 내 뜨거운 가슴 속에 살아 숨쉬고 있다.

좁은 의미의 예술과의 차이점과 중요성

넓은 의미의 예술이 좁은 의미의 예술과 구별되는 가장 중요한 차이점은, 전자의 경우 남에게 보여주기 위한 결과물이 없어도 된다는 것이다. 앞에서 설명한 대로 넓은 의미의 예술은 세상을 향해 마음을 열고 세상을 꽉 껴안으면서 나 자신의 진정한 내면을 깨닫고 나아가 타인과의 공감대를 구축하는 모든 행위를 포함한다. 그것이 자연풍경 감상이 되었든 진솔한 대화이든 요리든 상관없다. 반면에 좁은 의미의 예술은 반드시 결과물이 있어야 한다. 두 번째는 넓은 의미의 예술은 전문가의 평가로부터 자유롭다는 것이다. 자연풍경을 즐기고 취미로 그림을 그리겠다는데 전문가의 평가가 무슨 소용이겠는가. 물론 기업의 경우 직원들의 창의력 증진을 위해 AQ를 통해 평가 기준을 만들 수도 있지만 좁은 의미의 예술에 비해 훨씬 평가로부터 자유로우며 다양한 기준의 적용이 가능하다.

넓은 의미의 예술에서는 열린 마음만 있으면 세상 모든 것이 예술적 가치를 지닐 수 있으며 누구나 예술가일 수 있다. 넓은 의미의 예술에서는 누구에게나 예술가적 기질과 재능이 있다. 다만 각자의 취향에 따라 관심 분야가 다를 뿐이다. 물론 넓은 의미의 예술에서도 결과물이 평가의 도마 위에 오를 때가 종종 있다. 취미로 순수 예술에 속하는 창작 활동을 즐길 경우이다. 그림, 조각, 무용, 음악 등과 같은 전통적인 의미의 창작을 취미로라도 배우게 되면 관객들이 우리를 가만히 두지 않는다. 가족, 친구 같은 주변인들이 관객으로서, 비평가로서 청하지도 않은 비평을 해서 우리를 주눅들게 만들곤 한다. 관객들의 평가에 대해 지나치게 신경 쓰지 않는 연습을 해야 한다. 가장 뛰어난 천재들도 당대에는 외면당하기 일쑤였다는 점을 기억하자. 그들이 진가를 인정받지 못하였을 때는 재능이 없었던가? 시대를 막론하고 일반적으로 관객의 평가는 객관적이지 못할 때가 많고, 대부분의 경우 심리전이 결정적으로 작용하곤 한다. 또한 사람들은 저마다의 기준을 가지고 있기 마련이다. 아무리 위대한 예술가라도 이 세상 모든 사람으로부터 사랑받는 예술가는 없다. 세상에 한 가지 평가 기준만 있다면 그런 일이 가능하겠지만 실상 기준이라는 것은 매우 다양하다. 따라서 누구든지 간에 내가 만든 도자기 컵이 우습게 생겼다고 핀잔을 주면 저 사람은 나와는 다른 기준을 가졌구나 생각하면서 장난 삼아 만든 건데 우스운 게 당연하다고 맞받아치면 그만이다. 주변의 평가에 민감하면 스스로의 예술가적 기질을 무시하게 되고, 재능이 없다고 스스로를 규정함으로써 남보다 뛰어날 수 있는 길을 찾는 대신 범상함을 예사로 받아들이게 된다.

　그러나 좁은 의미의 예술에서는 비평가, 이론가, 예술가, 교수, 관련직 종사자 등 예술계를 구성하는 전문가들의 평가가 중요하다. 제아무리 전문가라 해도 평가에 있어서 실수를 저지르는 경우도 많다. 사실 돌이켜보면 비평가나 이론가들이 자기 시대의 가장 창조적인 예술품을 알아보지 못하고 혹평했던 예는 부지기수이다. 오늘날 피카소가 남긴 걸작 중 최고 걸작으로 평가되는 〈아비뇽의 처녀들〉의 경우 친한 동료 화가들조차 냉담한 반응을 보였다고 한다. 오직 피카소만이 자기 작품의 위대함에 대해 한치의 의심도 하지 않았다.

　앞에서 순수 예술 체계의 정립 과정을 통해 어떻게 예술이 일상으로부터 구분되어 왔는가를 살펴보았다. 이는 서구의 예술철학을 통해서도 확인할 수 있다. 자연과 인간을 포함, 우주를 하나로 보는 동양과 달리 서구의 예술철학은 이분법에 바탕을 둔 대립 구조를 원칙으로 전개되었다. 이를 간략하게 살펴보면 다음과 같다. 서구의 예술철학은 미의 본질에 대한 질문에서 비롯된 미론(美論)과 예술에 대한 정의와 본질을 묻는 예술론으로 전개되어 왔다.

미론은 사물의 객관적인 성질에서 미를 정의하고자 하는 객관주의적 미론에서 시작하여 미적 대상을 바라보는 사람의 주관적 경험이 개입된 취미의 문제로 다루는 취미론, 나아가 대상의 형식적 성질을 무시하고 순전히 주관의 심리 상태에 의해 미적 대상을 지각하는 것에 초점을 맞추는 미적 태도론으로 전개되었다.

예술론의 경우는 예술이란 무엇인가에 관한 질문에 대한 해답을 구하면서 시대에 따라 각기 모방론, 표현론, 형식론으로 전개되었다. 다루는 문제가 미에 관한 것이냐 예술에 관한 것이냐는 큰 차이가 있기는 하지만 예술론 역시 미론과 마찬가지로 시대에 따라 객관적 대상에 집중하여 해답을 구하기도 하고, 예술가나 감상자의 주관적 심리 상태에 초점을 맞추어 해답을 구하기도 하였다는 공통점을 찾아볼 수 있다. 그러나 현대 예술론은 미론과 달리 본질을 추구하는 것에 대한 회의주의적인 입장이 형성되면서 예술이란 무엇인가에 대한 물음 자체에 대한 불신이 싹트게 되고, 결국 예술에 대한 정의는 불가능한 것이라는 논제에까지 이르게 된다. 예술에 대한 개념은 시대에 따라 달라지므로 예술을 하나의 본질로 정의 내릴 수 없다는 것이다. 일견 이러한 주장은 상당히 일리가 있는 것처럼 들리지만 정말 예술은 정의될 수 없는 것인가 하는 문제가 남는다. 이들의 말대로라면 예술론 자체가 무의미하게 되고, 시대를 초월한 예술의 보편성을 이해하는 데 큰 어려움이 생길 수 있으며, 나아가 예술을 통한 소통과 실천을 위한 노력 역시 가치가 없어진다.

이러한 예술 정의 불가능 논제가 지니는 문제점을 극복하기 위해, 예술이 제도라고 하는 눈에 보이지 않는 속성에 의해 정의될 수 있다는 예술 제도론이 등장하게 된다. 이 예술 제도론은 예술 작품이 현실 세계에 존재하는 물건이나 현상으로서가 아니라 예술계와 같은 사회 제도를 통해서 파악될 수 있는 제도적 존재라고 주장한다. 사실 누구라도 미술관에서 어떤 작품을 보면서 '내가 했다면 예술품이라고 아무도 인정하지 않았을 저런 것도 예술가가 하면 예술품이 되는 것인가?' 하는 의문을 품어보았을 것이다. 조지 딕키^{George Dickie, 1926–}라는 미국 철학자도 공업용 변기를 사다가 손끝 하나 대지 않고 작품이라고 우긴 뒤샹의 〈샘〉이라는 예술품을 보고 '예술품이라는 것을 누가 정하는가?' 하는 의문을 품게 되었다. 이런 저런 궁리 끝에 무엇이 예술이냐를 정하는 것은 예술계라는 제도라는 결론에 이른 것이다. 이러한 방식으로 이 이론은 객관과 주관을 오가면서 예술을 정의하고자 한 모방론, 표현론, 형식론과 같은 기존 이론의 한계를 탈피하여 최초로 예술 작품을 눈에 보이지 않는 속성적 측면에서 바라보려는 시도였다는 면에서 신선하다. 또한 예술 작품은 정의 내릴 수 없다고 포기해버린 예술 정의 불가능성 논제와 달리 예술 작품의 정의에 도전하였다는 측면에서 큰 성과를 거두었다. 그러나 예술 제도론은 예술품을 어떻게 평가할 것인가 하는 평가의 문제가 완전히 제외되어 있고, 예술 분류에만 초점을 맞추는 치명적인 문제점이 내재되어 있다. 또한 주관적인 입장의 미적 경험을 완전히 배제하고, 예술계라는 제도적 요소에만 집중함으로써 서구의 전통 철학이 내포하고 있는 주관/객관에 대한 이원론적 분리에서 벗어나지 못하는 한계를 지니고 있다.

이처럼 시대를 막론하고 서구의 예술철학은 자연/인간, 미/추, 선/악 등 만물을 대립구조에 의한 이분법에 바탕으로 두고, 바라보는 이와 대상의 조화나 합일보다는 이원론적 분리를 면치 못하였다. 이 때문에 예술/일상의 분리 또한 자연스럽게 이루어지고 좁은 의미의 예술, 즉 순수 예술에만 치우치는 현상을 낳았던 것이다. 근대화의 과정에서 아시아는 서구의 이러한 예술철학을 수용할 수밖에 없었고, 다소 맹목적으로 이를 추종하는 경향으로 치달으면서 오늘에 이른 듯싶다.

중요한 것은 이제라도 하루 빨리 이러한 서구 중심의 이원론적 관점에서 벗어나 보다 폭넓은 관점에서 접근해야 한다는 것이다. 좁은 의미의 예술에만 초점을 맞추지 말고, 넓은 의미의 예술도 중시하여 균형을 꾀해야 할 것이다.

예술은 예술가의 몫이라고 넋 놓고 있어서는 안 된다. 전문 예술가들의 영역을 존중하되 나 자신의 예술가적 기질 역시 존중하고 개발해주어야 한다. 분야가 다를 뿐, 나 역시 엄연한 예술가로 이 땅에 태어났기에….

미래 기업의 성공 키워드

AQ 예술지능-Artistic Quotient

초판 1쇄 발행 2014년 1월 10일
초판 2쇄 발행 2014년 1월 20일

지은이 윤영달
펴낸이 명혜정
펴낸곳 도서출판 이아소

등록번호 제311-2004-00014호
등록일자 2004년 4월 22일
주 소 121-841 서울시 마포구 서교동 487 대우미래사랑 1012호
전 화 (02)337-0446 | **팩 스** (02)337-0402

책값은 뒤표지에 있습니다.
ISBN 978-89-92131-80-3 03320

ⓒ 윤영달 2014

도서출판 이아소는 독자 여러분의 의견을 소중하게 생각합니다.
E-mail : iasobook@gmail.com